ディーラリエ流

No Jewelry, No fe

パワージュエリーで
人生を変えた女性たち

星読み宝石鑑定士　　プロモーションプランナー
岩見 尚見　　高橋 佐和子

はじめに

　この本を手に取られたのは、どの言葉があなたのアンテナに引っかかったのでしょう？　星、宝石、鑑定、人生を変える……。パワージュエリーという聞きなれない言葉に興味を引かれた方もおられるでしょう。

　どれであっても、"今を・自分を変えたい、変わりたい"と思っていらっしゃる方が多いのではないでしょうか。たとえ今の状況に特に不満はなくても、"いい方向に進みたい、幸せになりたい"とほとんどの方が考えていらっしゃると思います。

　今年（2020年）に入って、世界はすっかり変わってしまいました。今まで当たり前であった多くのことが、あっけないほど簡単に失くなったり、価値を持たなくなったり。世の中のきまりごとや、それぞれの考え方など、"変えられない"と思っていたことがこれほどたやすく、短期間に、根底から変わっていくのを目の当たりにしている私たちは、なにか大きな流れの転換点に立ち会っているのだと肌で感じています。そして、流れの中にたたずむ私たちも、一人ひとりが新しい世界に向かって自分自身を変えていこうとしているはずです。このタイミングで本書を開いてくださったのも、決して偶然ではないと思うのです。

この本では、星読み宝石鑑定士　岩見尚見（以下、岩見）と出逢い、まさに“人生を変えた”６人の女性たちが登場します。生まれながらのジュエラーである彼女を介して、ジュエリーで星とつながり、星が示す人生の設計図を読み、みなそれぞれの境遇の中で、自分らしく生きるためのきっかけとサポートを引き寄せていきます。

　星とジュエリー。この見えない、けれど確かなつながりを持つ“パワージュエリー”と人を引き合わせることができるのは、限られた者に与えられる特別なギフト（才能）です。
　自分の運命のギフトを受け取り、そして周りに星とジュエリーの関係を伝え始めた岩見。宝石業の家系に生まれ、星を読み、米国宝石鑑定士 GIA・G・G を持つプロの確かな目で、“本物”のジュエリーを選ぶ力を持つジュエラーです。

　岩見の周りには、みずからの内なるエネルギーをパワージュエリーによって開眼させ、自分自身のあるべき姿に向かってチェンジし始めた女性がたくさんいます。変わり始めた理由はどうあれ、彼女たちが生き生きと生きる現在の姿は本物。そのターニングポイントには、岩見と、彼女が星を読んで選んだジュエリーの存在がありました。
　人生を変える鍵をつかみ取るのは、自分が幸せになり、さらに周りを幸せにしたいと願う女性たち。星に導かれ、足りないパワーをジュエリーによって補い、より良い人生に向かってアクションを起こすと決めた６人の女性たちと、星読み宝石鑑定士 岩見尚見のストーリーが始まります。

プロモーションプランナー　高橋 佐和子

ディーラリエ流

No Jewelry, No Life

～パワージュエリーで人生を変えた女性たち～

※Case1から6の登場人物は仮名です。

自己紹介

　大阪の商家に生まれ、物心ついた頃、父が最も熱を入れていたのが、宝石輸入と製造、そして卸も行う事業でした。多くの外国人の職人さんが仕事をする姿を見たり、本物のジュエリーに触れたりできる環境でした。

　小学校の頃から星占いが好きで、星占いに関するいろいろな本を読むうちに、ホロスコープチャートと呼ばれる天体の運行図が読めるようになり、一人ひとりの魂に刻み込まれた星（天体、惑星）への興味が尽きませんでした。

占星術には、星にはそれぞれ年齢域というものがあり、年齢によって対応する星が変わり、その星の影響を受けて魂を成長させていく、という考え方があります。

　私の金星期（15歳〜24歳）は、ジュエリービジネスの道も星占いへの興味も母に咎められ、受験期とも相まって、母の理想とするところの普通の女の子としての道を歩いていく学生時代でした。海外からのお客様との商談の席に父の通訳として同席するなどし、宝石へ興味をもったものの、母の強い希望で、大学卒業後は金融機関のOLになりました。

　本当の私の魂の興味を封印しながら。いえ、魂の奥にひそめて過ごしてきたのかもしれません。

　結婚し、ふたりの男の子を授かり、仕事と子育てを両立しながらも、どうしてもジュエリーへの思いが捨てきれず、仕事と家事を終えて子どもが寝た後、通信教育で宝石鑑定士の勉強を始めました。最終の実技講習では通学が必要とされたため、仕事をしながらというわけにはいかず、思いきって7年のOL生活に区切りをつけました。

　私にとって、ジュエリー業界へ転身する決意を固めたこの時期が、占星術でいうところの人生の目的に向かって歩き出す太陽期（25歳〜35歳）です。資格取得後は、父の会社ではなく、ハイジュエリーを扱う別のメーカーへ就職。ジュエリーの企画に営業、すべてが本当に楽しかった20代後半。全国への出張、海外での仕入れ、プレスへのアプローチなど、ハイエンドなお客様に価値の高い高価なジュエリーを提案する楽しさを謳歌します。

そして次のステージ、火星期（35歳〜46歳）は、自分の持って生まれた星を使う訓練をする期間。神様は意外な形で私の魂のトレーニングを課されました。3人目の出産のためジュエリーの仕事の中断を余儀なくされ、体に少しハンディキャップを持って生まれた第3子の子育てに真剣に向き合うことは、仕事よりもタフな日常でした。

　その頃、ママ友たちと過ごすなかで、自分と同じように仕事を中断せざるをえなかった彼女たちの思い、隠れている才能や能力を目の当たりにしました。女性の社会進出と子育ての両立という社会課題をどうにかしたい！と一念発起し、起業。女性のための、そして社会の役に立てる事業を目指す、株式会社ディーラリエを立ち上げます。メディアにも多く取り上げられる結果を残し事業は今も継続していますが、私自身は火星期を十分に走りきったという達成感とともに燃え尽きた感すらあります。

　火星期は個人の核となる、意思や行動力、推進力が培われる期間。私が星から与えられたのは、目の前の人の社会的役割を実現して、その人自身が幸せを享受するために自分は何ができるか、それをどうやり遂げるのか、というミッションでした。

そして今、47歳。木星期（46歳〜）を生きています。これまでの人生で経験したことが熟成され、余裕を持って受け入れることができる時期。さらに自分の知識や経験を与えていく、人生の成熟期と言われています。

　私の魂の目的をまっとうするためには、ジュエリーと占星術が切っても切れないもの。これが私のミッションなのだと、真正面から向き合う決意をしています。

星読み宝石鑑定士　岩見　尚見

私の星読みスタイル

岩見 尚見

　私の1日は、自分の今日のパワージュエリーを選ぶことから始まります。

　これから始まる1日を理想的に描き、魂が喜ぶ生き方をするための"心のお守り"を選ぶのです。ひとりでリラックスしたい日であっても、家族となんでもない時間を過ごす日であっても、商談を決めたい大事な日であっても、服を着て外に出ることと同じぐらい当たり前の日常なのです。これは今日の1日を大切に、目的を持って過ごすための自分自身との約束です。

　私は小学生の頃に西洋占星術を知り、独学で学びを深め、人の個性は生まれ持った星に関係があることに興味を持ちました。

　幼い頃から本物の宝石を見て育ち、宝石の商品価値を知るに足らない年齢のときに、本物の宝石が放つエネルギーの強さに心を打たれました。そして、宝石の不思議な輝き、その魅力を追求したいという好奇心から、宝石鑑定士として米国GIA・G・Gで学びました。

　太陽星座がおとめ座の私にとって、宝石鑑定の理論を通して、"不思議だけど美しい"宝石が持つ"美しさの理論"を系統立てて学べたことの意味は大きかったのです。なぜなら、おとめ座の特性は、具体的主義、完璧主義、現実主義だから。

宝石の歴史背景を知ることは、文化における宝石の意味を理解するうえで重要でした。宝石にまつわる歴史文献はそう多くは存在しませんが、さまざまな書物を探し、宝石の文化と歴史的背景を紐解くべく追求してきました。知れば知るほど星、つまり占星術との関わりにひかれていきました。

　そして、**宇宙の星、人のホロスコープ、星座石**、この3つのアルゴリズム（計算法則）に気が付いたのです。これが私独自の星読みにつながりました。

　私の星読みは、多くの文献から得た知識と宝石の美しさの理論、そしてこれまでの経験の集大成ともいえます。ずっと自分だけのマニアックな趣味として星読みを続けてきましたが、それが周りの知るところとなって、口コミで広がっていきました。

　2年ほど前（2018年頃）から本業の広告代理業の合間に、人のホロスコープとパワージュエリーの関係性を見ることを公表するようになりました。約2年間で、セッション数は延べ500人、90％以上がリピーターになられています。

◆ 私のミッション

すべての人は "星" を持ってこの地球にやってきます。

ホロスコープのネイタルチャート（出生図）／（P81 参照）には、この地球に生まれてきた意味と魂の目的が刻み込まれています。星を知るということは、自分の本質を知り、人生の目的に向き合うことです。

私の星、私の魂の目的を自分で読むと、"その人の理想の実現に導き、目の前の人の役に立ち、結果を出すこと" です。それが、私の人生の目的であり、専門である "宝石" を通じて実行するのが私の役割だと思っています。

"占星術" でお客様の理想の実現に導き、"パワージュエリー" がその方の心のサプリメントとして寄り添い、結果を出すお手伝いをする、それが私の使命だと信じています。私にとって "星読み宝石鑑定士" という仕事は、生涯かけて取り組むものです。

この本の CASE1から6のストーリーは事実に基づいて書かれています。これまでに、私がセッションさせていただいた 500 件の中のほんの一例にすぎません。自身の星を知り、星の波にのって人生を進むことに気づき、起こることすべてに感謝ができたとき、理屈でははかれない不思議なことが起こる、ということをたくさんの方々から報告していただきました。

「誰にも言ったことのない母との関係性が、ずばりと星に出ていてとても驚きました。生まれ持った星から見た得手不得手を聞いて、自分自身を受け入れることができました。これからの人生の目的がはっきりして、毎日ワクワクしています」
「星のメッセージを聞いて、自分で選んだパワージュエリーを身に着けてからすぐ、驚くほど好条件の仕事が見つかり、本当に驚いています。次の目標に向かって次のジュエリーをお迎えしたいです」

こうしたお客様からのメッセージが私の魂を喜ばせ、今生、この地球に来た意味を楽しみ、喜び、人生の目的に向かって充実した毎日を送ることができています。

私が、星とジュエリーのセッションをお受けさせていただく条件はふたつだけ。

・本物のジュエリーを持ちたい、つまり自分のパワージュエリーとして、ジュエリーを心のサプリメントとして、いつも身に着けたいと考えてくださるかどうか。
・ご自身が持つ星を知って、ご自身の理想の未来をクリエイトしようと考えてくださるかどうか。

私は占い師ではありません。星読みは、あくまでジュエリーを選ぶひとつの重要な判断材料。ご自身にぴったりのパワージュエリーを持つことで、「幸せになる」という結果につながって喜んでいただきたい。それが私の使命だと思うからです。

Case.1 弁護士：悠子／おひつじ座

Ruby
ルビー

Ruby

The word "ruby" comes from the Latin word "ruber,"
which means red. Rubies have always been favored
by those in roles of power as well as by those in love
and are therefore considered a gemstone that
involves a lot of emotion.

Txt. Sawako Takahashi

Pt900　ルビー / ダイヤネックレス
ルビー 1.13 ct / ダイヤ 1.330 ct
参考上代 2,500,000 円

「"本物"を着けていない弁護士さんに、
人生って預けられるでしょうか」

自分らしい仕事がしたい。
大手弁護士事務所からの独立

　独立し、自分の法律事務所を開設して 3 年目の春、悠子さんは同じビルの 2 階から 1 階に引っ越すことにした。今の倍ほどの広さで、行政書士事務所も兼ねるつもりだ。行政書士の業務は夫が担当する。一昨年に知り合って、3 カ月でゴールインした年下のやさしい夫だ 。

　引っ越しの準備をしながら、3 年前、事務所を開く前日の夕暮れに、急に心細くなって涙が出てきたことを思い出す。自分を信じ、みずから選んだ道だったけれど、これからどうなるんだろう、私は間違ったことをしてしまったのかもしれない、そんな不安でいっぱいになった。でも今はこうして仕事もがんばれているし、何よりも、ひとりじゃなく、信頼できる彼がそばにいる。

Pt 950　ルビー / ダイヤリング　岩見私物

　司法試験に受かってすぐに勤めた、大きな弁護士事務所を辞め、独立したのは 38 歳を迎える直前の早春だった。独立願望が強かったわけではないが、40 歳の自分を想像したときに、このまま今の仕事を続けていくと、なんとなく欠けているものがあるような気がしていた。同業者が羨むような名門事務所に属し、夜は電車がなくなる時間まで働き、タクシーで帰宅するのが常という生活にもやりがいを感じていた。それなりにプライベートも楽しみ、充実した毎日ではあった。

企業法務以外に離婚案件を多く扱う事務所の方針もあり、独身の悠子さんも数多くの離婚案件を手掛けてきた。「離婚は結婚の 10 倍のエネルギーが必要」と世間でよく言われるように、夫婦が別れるときには多かれ少なかれ争いがおこる。“円満離婚”などというのは都市伝説だと思えるぐらい、もめる。目を背けたくなるような人間の欲や業をまざまざと見せつけられるケースも少なくない。互いが豊かな人生を送るために婚姻関係をリセットすること自体は悪くないが、10 年以上もそういったケースを見続けていると、やや人間不信におちいる。

　そんな状況を変えたくて、企業経営にもっと深く関わろうと、経営コンサルタントの国家資格である中小企業診断士の勉強を始めた。弁護士の仕事をしながら数年かけて合格し、法務だけにとどまらず会社経営全般をみられるようになると、仕事の幅が広がった。また、自分と同じように男社会でがんばっている女性経営者との仕事が増え、もっと彼女たちの力になりたいと強く思うようになった。長年勤めた愛着のある職場だったけれど、何かに突き動かされるように独立を決め、小さな事務所を開くことにしたのだった。

本質を見抜いた岩見のひと言

　岩見のジュエリー会に出かけたのは、独立してしばらく経った頃だった。友人に「面白いジュエラーの女性がいるよ。ランチ会があるから来ない?」と誘われたのだ。ラグジュアリーなレストランの個室で宝石が見られるなんて面白そう、と興味半分で参加したのが、岩見とパワージュエリーとの出逢いになった。

　瀟洒なイタリアンレストランの個室で、ランチコースのデザートタイムが終わるやいなや、テーブルの上はカラフルなジュエリーでいっぱいになった。聞いたこともなかったジュエリーの歴史や、星と宝石たちの不思議な関係についての岩見の話は面白くて、そんなパワーのある石たちを触ってみたくなった。女友達たちもめいめいに石を光にかざしてみたり身に着けてみたり、普段はビジネスシーンでがんばっている女性たちだけれど、まるで学生に戻ったみたいな表情で楽しそうにしている。種類もさまざまで、価格は数万円のものから、ゼロの数を数えないとわからない、驚くようなものまでが目の前にある。こんなに自由にジュエリーを手に取れる機会は、そうそうない。

　ダイヤモンド、サファイア、エメラルド……。いくつものジュエリーの中で、悠子さんがなぜか離したくないと感じたのが、ルビーだった。色白な彼女の指にはめられた紅い石のリングは、小ぶりなやさしいデザイン。ルビーの華やかすぎるイメージとは違って、鮮やかでありながら品が良く、可愛らしいデザ

Pt950　ルビー / ダイヤリング
ルビー (NON HEAT)　2.03ct ダイヤ 0.313 ct
参考上代 4,000,000 円

インなのも気に入った。

ジュエリーを仕事のときに着けるってどうかしら、とたずねた悠子さんに、岩見は答えた。

「"本物"を着けていない弁護士さんに、人生って預けられるでしょうか」

悠子さんは直感で"そのとおりだ"と納得した。「仕事をがんばるモチベーションになるよね」と言って、そのリングを買うことに決めた。

それまでジュエリーを持っていないわけではなかったが、自分で「ジュエリーを買おう」と意識したのはこれが初めてに近かった。おしゃれにはそれなりに興味はあるし、洋服だけでなくアクセサリーを着けるのも好きだ。30代後半になり、世間からは"先生"と呼ばれる仕事をしているのもあって、それなりのものを身に着けないと、なんとなく感じていたタイミングだった。岩見から"本物"という言葉が出たとき、彼女の顔をまじまじと見てしまった。確かに、自分が相談者の立場だったら、人生を左右するような裁判の弁護をゆだねる弁護士は"本物の価値"を知っている人の方がいい。お金をかけている、ということではなく、モノやコト、すべての"本物"には、高いエネルギーがあると思っていたからだ。

（左）Pt950　タンザナイト / ダイヤペンダント
タンザナイト 1.23ct/ ダイヤ 0.10ct
参考上代 300,000 円
（右）Pt950　タンザナイト / ダイヤリング
タンザナイト 2.65 ct/ ダイヤ 053 ct
参考上代 700,000 円

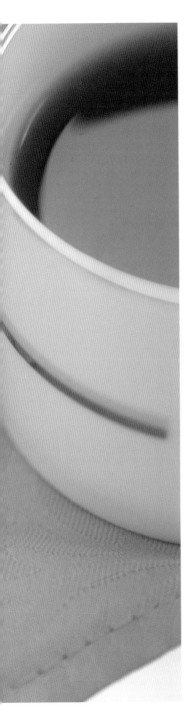

闘いに勝ち、
恋愛も成就させる最強の石たち

　悠子さんの選んだ石を見て、岩見は「さすが悠子先生」とにっこり笑った。「先生は裁判に勝たなきゃいけないでしょ。ルビーは闘いの星、火星の石なんです」と星とジュエリー談義が始まる。

　「悠子先生はおひつじ座。おひつじ座の支配星は火星。闘うために生まれてきたみたいなところがあるんです。しかも対岸にあるてんびん座は契約や公平、正義の星座です。闘う職業の弁護士さんにはうってつけ。闘いの力を補完するルビーは必須です」

　宝石にそんな由来があるとは知らなかったし、ほんとうにパワーがあるのかどうかはわからないけれど、ともかく自分の指にはめられた小ぶりのルビーのリングを、悠子さんはとても気に入ってしまった。

　もうひとつ、気になった深い藍色の石はタンザナイトのネックレスだった。タンザナイトはアフリカの夜明けの色。"低迷している運気を上げる"というメッセージがあるらしい。仕事もプライベートもそれなりに充実し、低迷しているということはないけれど、恋愛はご無沙汰だ。数年前に彼と別れて以来、周りにたくさん男性がいる割に縁がなく、「一生独りかも」という気もしていたが、素敵なパートナーがいるに越したことはない。

　裁判に勝つ闘いの石ルビーと、恋愛の運気を上げるタンザナイト。悠子さんはふたつのジュエリーを購入することに決めた。初めての贅沢だが、新しいスタートを切る自分なりの覚悟でもあった。

宝石が自分のスイッチを
ON にしてくれる

（左から）
ステラジェムブレスレット　K18WG　ダイヤ 0.1 ct
参考上代 150,000 円
ダイヤバングル　Pt900　ダイヤ 1.0 ct
参考上代 500,000 円
Pt950　ルビー / ダイヤリング
ルビー（NON　HEAT）1.01 ct / ダイヤ 0.25 ct
参考上代 1,350,000 円

ジュエリーを身に着けてから、仕事は順調だ。

　独立当初は、それまであった大きな後ろ盾がな
くなったんだと実感することがあったり、ひとりでほ
んとうに仕事が取れるのか、そもそも裁判に勝てる
のか不安になったりもした。女性経営者の助けに
なりたいと思って独立したとはいえ、すぐに依頼者
が行列をなしてくるわけでもない。しばらくは以前
からの引き継ぎ案件が続いていたが、そのあとやっ
ていけるのか心細くなることもたびたびあった。

　しばらくすると、ぽつりぽつりと紹介などで新し
い案件が増え始めた。事務所にやって来る女性た
ちの依頼は、契約書のチェック、クレームへの法
的な対応、家主とのもめごとといった経営に関する
問題の他、相続や離婚相談などさまざま。みなそ
れぞれの人生で闘っているのだ。ひとりでも多くの
女性が幸せになれるよう、闘いに勝てるよう手助け
をしたい。裁判や交渉をうまく進めて、依頼者の
力になって実績を残したい。ここぞ、というときに
はいつも、闘いの石というあのルビーを着けていく。
神頼みのように宝石の力に頼っているわけではな
い。でも、自分のスイッチを ON にしてくれるのは
確かなのだ。現に裁判には勝ち続けている。

パワーを発揮したように思うのはルビーだけではない。タンザナイトが引き寄せたのか、岩見のジュエリー会から半年もたたないうちに素敵な人との出逢いがあったのだ。その彼と籍を入れ、ふたりで事務所をやって行くことになった。

　出逢いから結婚まで、自分も周囲も驚くような展開だった。仕事の会合で知り合い、何度か会食で顔を合わせるうちにふたりで話す機会が増えた。悠子さんのほうが年上だということもあって気兼ねをしていたが、タンザナイトのネックレスを着けていった日に、思い切って「年上はどう思う？」と冗談交じりに聞いてみた。「全然、気にしないですよ」と笑った彼と、仕事も家庭も、人生を一緒に歩んでいくことになった。相手の親はなんと言うか、心配したが、想像とは逆にとても喜んで迎え入れてくれた。悠子さんはゆっくりと付き合う気持ちだったにもかかわらず、両家の両親に急かされるかたちで、あっという間に籍を入れることになった。

　こんなにあっけなく人生のパートナーが見つかるとは何が起こったんだろうと、今でもふと思うことがある。タンザナイトの石に、恋愛の運気を上げると誓った自分の中で、何かが変わったのだろうか。

　それにしても、あのとき、独立へ一歩踏み出して良かった。そして、パワージュエリーと出逢い、仕事と自分の人生への覚悟を再認識できて良かった。

　まぎれもなく、ジュエリーと出逢ってから、より充実した人生になっている。今日も指に光るルビーと胸のタンザナイトは、悠子さんに元気を与え、ふたりで立ち上げる新会社の準備に、忙しい日々を送っている。

Pt950　ルビー / ダイヤリング
ルビー（NON HEAT）2.03ct ダイヤ 0.313 ct
参考上代 4,000,000 円

Case.2 　経営者：安紀／やぎ座・いて座

Diamond
ダイヤモンド／アレキサンドライト
Alexandrite

Alexandrite
The jem reminds us of our purpose in life and our
origin. It gives hope to those who are in despair about
their lives. It brings strength and constantly reminds
them of the light. With its changing color, it is a
reminder that life is not only what it seems to be.

Txt. Sawako Takahashi

「アレキサンドライトは、
経営者、社長の石。
必ずあなたの未来を切り拓きます」

Pt950　アレキサンドライト / ダイヤペンダント
アレキサンドライト 0.33 ct/ ダイヤ 0.19 ct
参考上代 850,000 円

情熱と冷静さを持つ
アレキサンドライトを着けて

　離陸した飛行機の窓から外を見下ろすと、海が
キラキラと光っている。海沿いの街の家々が規則正
しく並んでいるのが小さく見えている。そろそろ、夫
と子どもふたりを残してきた自宅近辺の上空を通過
する頃だ。

　安紀さんは、膝の上の、新しく考案したハンドメ
イド雑貨 ―― 色鮮やかな花を、透明度の高い樹
脂で固めた美しい作品 ―― が入ったバッグを
ぎゅっと握りしめた。

安紀さんは、ハンドメイド作家としてこの数年の努力の結晶のような商材を持って、上海の材料卸の会社へ交渉に向かっていた。相手は、中国でも有数の財閥の流れをくむ企業グループ。昨年会社を立ち上げたばかりの自分が、ケタ違いの大企業を相手にすることになるなんて……。

　２年前まで、訪問介護の事業所で黙々と事務作業をやっていた自分が会社を起こし、海外へ出向いて取引交渉をするなんて、夢にも思わなかった。

　黒のブラウスの上で深い青緑色に輝くアレキサンドライトのステーションネックレスは、安紀さんを考えもしなかったところへ導いてきた。

　アレキサンドライト。自分にとって最強の宝石を身に着けて、今回もきっと目的を達成してみせる。安紀さんはもう一度プレゼンテーションの資料に目を通し始めた。

結婚と子育て、あきらめたキャリア

思えば起伏のない人生だった。地方の郊外都市に生まれて、大学で関西に出るまで、地元の静かな町で育った。寒冷な気候と厳しい自然の中で、無口で真面目な両親からは、地道にやる、コツコツやる、努力することを教えられた。大学を卒業して勤め出したが、同僚だった夫と出逢い結婚。すぐに妊娠して、せっかく正社員で入社した会社を2年余りで退社してからは、育児とふたり目の出産などで目まぐるしく日々は過ぎていった。働きたい気持ちはあったが、いったんキャリア路線からはずれた自分が会社員として働く、その限界にも気づいていた。

（上から）
リング　Pt950　アレキサンドライト / ダイヤ
アレキサンドライト 0.24 ct/ ダイヤ 0.22 ct
参考上代 1,250,000 円
ダイヤブレスレット　Pt900　0.30 ct
参考上代 300,000 円
ダイヤバングル　Pt900　ダイヤ 1.0 ct
参考上代 500,000 円
ステラジェムブレスレット　K18WG　ダイヤ 0.1 ct
参考上代 150,000 円

安紀さんは家庭と仕事については割り切って考えることにした。ふたり目である娘の手が離れだすと、訪問介護事務所の事務職として勤め始めた。仕事は誰からも文句が出ないレベルまできっちりとやるが、完全に事務的に働く。勤務時間内は、同僚とたわいない話をすることもなく黙々と仕事をこなし、終業時間が来ればさっと帰宅する。

　一方で、休日には趣味のハンドメイドに没頭した。10 年ほど前から、女性たちの間でハンドメイド市場は驚異的な広がりを見せていた。昔ながらの手作りの布小物などに加え、今や膨大な種類がある市販のパーツを使ったアクセサリー作りなど、さまざまなハンドメイドが大流行し、あちこちでイベントが催されている。ちょうどインターネット販売の環境が整ってきたこともあり、家庭にいながら、こまぎれになら時間が使える女性たちが集まり、その中にはちょっとしたサラリーマンぐらいの収入を得た、プロと言えるような大金を稼ぎ出す作家も現れ始めていた。

　安紀さんは、樹脂で飾り物を作るワークショップを始め、友人たちの求めでときどき作るうちに、口コミで一般のお客さんからの注文が増えていった。

初めて手にしたご褒美のダイヤモンド

安紀さんはハンドメイド作家の集まる団体に参加するようになった。個人では出られない百貨店の催事などにも、ハンドメイドユニットとして他のママ作家さんと一緒に出店できる機会があるからだ。この団体は関西でも有数のハンドメイドクリエイターの集まりで、ここで力をつければ相当の実力になる。安紀さんは持ち前の地道な努力で、売上No.1のMVPを取るまでになった。

その賞品として贈られたダイヤが、岩見のパワージュエリーとの出逢いだった。もともと団体の立上げに関わっていた岩見が協賛として用意したのが、ネックレスやイヤリングの先につける、ごく小さなダイヤのトップだった。

そもそも安紀さんは、ジュエリーにまったく興味がなかった。結婚指輪もいらないと言ってもらわなかったし、アクセサリーとジュエリーの違いもわからなかった。でも、その受賞式のときに岩見から、「安紀さん、そろそろ本物を着けるといいよ。ダイヤはあなたのほんとうの力をもっともっと引き出してくれるはず。それをいつも身に着けてね」と言われたことを信じてみようと思った。

岩見私物

オリジナルの新商品で勝負

　それから安紀さんは、以前にも増して自分の作家活動に没頭した。昔から手先が器用で、細部にまでこだわる緻密な感性を持つ。安紀さんの作る雑貨は、多くの作品の中でも目立っていた。が、常にもっといい材料はないか、どんなパッケージなら喜ばれるか、短期勝負のイベントのディスプレイはどんな工夫をすれば人の目に留まるか……、と考えることはいくらでもあった。ユニットの仲間たちが楽しそうにおしゃべりしたり、ランチに行ったりしているのを見て、正直仲間に入りたい気持ちもあったけれど、「私にはまずやることがある」、そう思ってピアスのループに通したダイヤを握りしめた。

　創作のことだけを考え続けた結果、どんどん洗練されていく作品は子育てママたちに絶大な人気を得て、出店するイベントやマルシェなどで、行列の絶えない超人気作家となっていった。好きなハンドメイドを続けるためにはお金も稼いでいかなくてはならないのが現実なのだ。真剣に売上も追いかけ、自分で決めた売上目標を達成したときに、介護事務所を辞めることを決めた。

安紀さん（仮称）私物
Pt950 アレキサンドライト / ダイヤ　リング

安紀さんの努力はさらに続く。市販の材料を使うだけでなく、新しい素材を研究し、工夫を重ねた。そして、新しいエポキシ樹脂の雑貨で、画期的な製作方法を編み出す。透明なアクリルの中に、花びらや貝殻などを閉じ込めるペン立てや小物入れ。記念日にもらった花や子どもが拾った貝など、想い出を形に残すコンセプトで、他の同じような雑貨のクオリティをはるかに超える美しさだった。材料が硬化する過程を工夫して、誰もが自分の作りたい作品を、美しく作ることのできる工程を考え出した。

この素材と技法は、もの作りを楽しみたい女性たちに受け入れられ、新しい市場を生み出して、昔の自分のような女性を輝かせることができるはず。この素材を必要とする女性たちに届けたい。そんな思いで会社を立ち上げることにした。

「私の手でこれを広めるんだ」。自分の決意と覚悟のあかしに、安紀さんは岩見の本物のパワージュエリーを選びたいと思った。

安紀さん（仮称）が、実際に事業展開されているクラフト商品

インスピレーションで選んだ運命の石

Pt950　アレキサンドライト / ダイヤリング
アレキサンドライト 1.00 ct/ ダイヤ 1.47 ct
参考上代 5,000,000 円

　ファッション目線ではないので、どの石がきれい
とも、どのデザインが良いともわからない。岩見に
「気になるのはどれ?」と聞かれて、箱いっぱいの
ジュエリーの中から選んだのは、胸まで届く長さの
プラチナのチェーンに、暗緑色のアレキサンドライ
トが 5cm 間隔で並ぶステーションネックレスだっ
た。一見地味に見えるが、実のところこの宝石は、
ダイヤよりもキャラットあたりの価格が高いのだ。

　「アレキサンドライトはとても珍しい石なの。その理由は、ほら」と、岩見がペンライトを当て、暗い緑色がルビーのような赤い色に変わったのを見て安紀さんは驚いた。「昼の太陽のもとでは緑、夜の白熱灯やろうそくのもとでは赤に変色するこの石は、一見地味だから普通は選ばないけれど……。安紀さんにはぴったりすぎるね！」と、ホロスコープを開いて解説が始まる。

　「安紀さんは、太陽星座はやぎ座で、月星座がいて座。まじめで努力型のやぎ座は、深い寒色系の石がお守りだし、火の星座のいて座は赤紫色なの。この相反する性質を、二色に変化するアレキならうまくコントロールできる。例えばルビーなんかを着けてしまうと、行動しないと気がすまないいて座の性質が独り歩きして大変。しかも、アレキは経営者の宝石。冷静さと情熱って、これから会社を経営していく上でとても重要ですからね」

　そうだ、自分は出逢うべくしてこの宝石を見つけたんだ。安紀さんは、新しい世界に飛び込む自分の“装備”として、インスピレーションが引き寄せたアレキサンドライトを選んだ。

　コツコツと努力する生真面目さの反面、いつも自分の力を思い切り使いたいという衝動が、心の奥底にあったように思う。アレキサンドライトは、どちらもうまく使えばいいんだよと、ほんとうの自分を目覚めさせてくれる触媒なのかもしれない。

自分を信じて夢を叶える人生を掴みとる

Pt950 アレキサンドライト / ダイヤ　リング
安紀さん（仮称）私物

小さなダイヤが最初のきっかけをくれ、自分で選び取ったアレキサンドライトで、人生を変えることができた。

　ハンドメイド雑貨で多くの女性に活躍の場を提供して、会社としても足跡を残していけると思うが、それが最終目的なのかは、まだわからない。

　けれど、ずっと変わらないのは、私は私でいていいんだという自信。好奇心や情熱を、自分の内に積み重ねてきたけれど、後半の人生はそれを表現して、形に残していきたい。どんなことが起こっても、冷静さと情熱のアレキの二面性で、うまくハンドリングしていけるような気がする。

　岩見に言われた言葉を思い出す。

　「コツコツと努力を積み重ねるやぎ座の前半生から、後半生のいて座は果てしなく拡大し飛んでいく星。そして安紀さんの人生の最終目標はおひつじ座で、I am the No.1. どこまでもゴールを目指して走り続ける宿命だわ。きっとこれからも好きなことにどんどんチャレンジしていくでしょう。物事に囚われずに、どこまでもチャレンジしてほしい。業界の天下を取るのは、やぎ座さんが多いんですよ！」

　そう、きっと当たっている。今初めて海外取引への一歩を踏み出しているように、常に新しい目標を見つけて達成することが、これから私のやるべきこと。そして、かつての自分のような、人生に戸惑っている女性たちに、「自分を信じることができたら、すべては叶う」と伝えるため。安紀さんはそう心の中で繰り返した。

　着陸を知らせるアナウンスが流れてきた。さぁ、行こう、夢を叶えるために。

◆ 私のパワージュエリーの選び方

　私のもとへ来てくださるクライアントさんの多くは、パワージュエリーの "目に見えない何か" に憧れと希望を抱いておられます。

　ジュエリーそのものや、アクセサリーにすら興味がなかった方も、あるいはいくつもジュエリーをお持ちの方も、遠方だろうが海外だろうが関係なく、来てくださいます。

　私はクライアントさんに、西洋占星術を用いてその方の持って生まれた天体の意味、星のメッセージを読み解きます。ご自身がどうなりたいか、自分の中でもやもやしているものは何か、ご自身の星や天体のパワーを使えているのか、どの天体を意識したらいいのかを読み、それに力を添えるパワージュエリーを提案します。

　私にはプロのジュエラーとしてのこだわりがあります。

　それぞれのジュエリーが持つ意味やエネルギーについて説明をし、宝石鑑定士として商品価値をきちんとお伝えします。その上でご本人がジュエリーと対話してご自身に選んでもらいます。

　ジュエリーの定義として硬度は7.0以上を基本とします。つまり水晶以上の硬さがあることが必要だと考えます。ダイヤモンド、ルビー、サファイア、ガーネット、トルマリン、ペリドット……などです。また例えばオパールのように、少々硬さに不安がありつつも大変希少な宝石の場合は、ぶつけたりする心配が少ないペンダントとしての着用をお勧めしています。

　宝石は地球からの奇跡のギフトです。

　地球で生を受けた人間の魂に響かないはずはありません。

　左の手のひらに宝石をのせて、あたたかく感じるものは、その方にとって相性がいい石。冷たく感じる石、それは自分の魂のエネルギーと合っていない、あるいはまだその石を持つタイミングではないということ。手にのせた瞬間に、涙が流れ出る方も少なくはなく、その現象は人工のアクセサリーではまずありえないでしょう、地球の奇跡のギフトであるパワージュエリーが持つ、まさに"目に見えない何か"なのです。

　2年以上にわたって約500件、この方法でご相談をお受けしてきましたが、"自分に合う宝石がわからない……"という方はほとんどおられませんでした。「岩見さんが選んでください」という方にも、私は特別な理由がない限り、とことんその方の意思を引き出して、ご自分で選んでもらうことにこだわっています。

　パワージュエリーは、自分の魂との約束のためのもの、自分の心のサプリメントだから、自分で意思を持って選んでこそ、ジュエリーがあなたの思いに応えてくれるのです。

◆ アクセサリーとジュエリーの違い

　アクセサリーとジュエリーの違いをご存じでしょうか?

　この問いに、宝飾品を扱う人のどれだけが的確に答えられるのか。プロのジュエラーとして今のジュエリー業界が心配になります。

　著名なスタイリストやファッション雑誌のライターでも、アクセサリーとジュエリーを混同しているのを見るにつけ、これほどまでにジュエリーの理解が進んでいないのだと悲しくなることがあります。どうか本書を機に、心に留めておいていただければと思います。

　長くジュエリーに携わってきた私が出した答えは、

　アクセサリーは、耐久性や石の真価を問わず、装飾品として楽しむもの。

　ジュエリーは、ビジュードファミーユ(家宝)として大切にされ、未来へと受け継がれていくもの。つまり、それだけの価値がある天然素材で作られた装飾品なのです。

　アクセサリーでも大変高価なものもあるでしょう。でもそれは、50年後も変わらない姿で存在しているでしょうか。メッキであれば剥がれます。前述した金の割合が50%以下のものは、金の元素の体をなさないのです。サイズを直したいとき、修理がしたいとき、石だけを外してリフォームしたいとき、それに耐えられるものでしょうか?

　子どもが修学旅行のお土産に買ってきてくれた天然石がついたキーホルダー。込められた思い出はプライスレスです。が、それはジュエリーではありません。

Pt950 ハートカットダイヤフルネックレス
岩見私物

◆ パワージュエリーの定義

ジュエリーは宝石、その名の通り"宝"の石です。

ジュエリーと呼ぶには3つの定義にあてはまることが必要だと私は考えています。

1) 自然が生み出した希少価値

今、私たちが目にしているダイヤモンドは、地球の地下 200km の高温高圧の特殊な環境で、炭素元素が結晶する自然現象から生まれています。人類は、最新の科学をもってしても、地下 200km の世界に到達できていません。高度3万kmの宇宙には行けても……です。

人の目にダイヤモンドとわかるほどの大きさに成長するには、少なくとも 20 億年～ 30 億年という歳月が必要です。そして、地殻変動によって地表近くに運ばれ、偶然人によって発見される……だから希少価値があるのです。

近年、人工ダイヤモンドが大々的に販売されるようになりましたが、これは人工的な生成物で、工場製品です。ジュエリー業界としては、消費者の混乱を避けるため、決して曖昧で体裁の良い表記ではなく、"遺伝子組換えではない大豆使用"と食品に記されるように、人工ジュエリーである旨の表記がきちんとなされるべきでしょう。

2) 耐久性があり、
　 経年劣化しにくいもの

ジュエリーは地球の奇跡のギフト。人がこの世に現れるずっと以前、地球有史以来の"地球の奇跡の結晶"だからこそ不変なのです。

推奨するのは金なら K18 以上、プラチナ 900 以上です。金地金の高騰で K 10 や K 9 などが出回っていますが、金 100% は K 24 です。金はそのままでは柔らかい性質で

す。身に着けていると変形してしま
うため、通常ジュエリーには他の金
属を混ぜて使います。つまり、K
18 は 18/24 (4分の3) だけ金が
入っているということです。K 10
になると含まれる金の割合は半分以
下ということです。それを金製品と
言ってしまって良いのでしょうか
……。そのため、私のコレクション
では、K10 や K9は使用しません。

3) 誰が見ても美しく、
    身に着けられること

　レアストーンと呼ばれる珍しい石
はたくさんありますが、希少価値は
あっても美しいと思えないものは、
いわゆるマニア向けのコレクタース
トーンになります。人の目で見て美
しいと称されることが、ジュエリー
である条件です。

　また、置物ではなく、身に着けら
れる装身具であることは重要な要素

です。古代人は動物の牙や貝殻を
ネックレスやイヤリングにして身に着
けてきました。これが装飾品として
のジュエリーの始まりです。当時は
着飾るというより、身を守るお守り
という意味合いの方が強く、これが
パワージュエリーの起源となります。

　この３つの条件をクリアする「ジュ
エリー」で、かつその人にとって心
に響く尊い宝となるものを私は「パ
ワージュエリー」と呼んでいます。
人の心もパワーも目で見ることはで
きません。でも、目に見えない何か
に人は心を動かされます。
　地球からの奇跡のギフトであるパ
ワージュエリーは、目に見えない"心"
や "思い" をのせて受け継いでゆく
特別なものです。

● ビジュードファミーユ＝家宝という考え方

　西洋には "ビジュードファミーユ" という考え方があります。

　直訳すると "家族の宝石" つまり "家宝" です。代々 "家宝" を受け継ぎ、祖先の思いをのせて後世に受け継がれる文化が、ビジュードファミーユです。

　古代から中世にかけて、宝石は王侯貴族のみが持つことを許された、非常に高価なものでした。

　家の宝である宝石は、不思議な力を宿し、一族の繁栄と家族の平和を守ってくれると信じられてきました。ギリシャ神話の神々が宿るとして信仰の対象になってきたことが、時代背景とともに逸話や伝説を生み、宝石の不思議な力が信じられてきたのでしょう。

　今日、ジュエリーは王侯貴族だけのものでなく、私たちにも身近に手が届くようになりました。それでもジュエリーは、特別なものです。祖父母の形見、ご両親から受け継いだもの、大切な方からのプレゼント、またはご自身の意思で手に入れたもの。それらは、家族が続く限り受け継いでいくべきものだと私は考えています。祖先の思いは子孫への愛情であり、それを身に着けることはお守りになります。

　だからこそ、私が提案するパワージュエリーは "耐久性" にこだわるのです。

　何代にもわたって受け継がれていくジュエリーは、最低でも50年、ときには100年、200年と受け継がれるかもしれませんから。

フルネックレス　Pt950　タンザナイト / ダイヤ
参考商品

Case.3　会計事務所勤務：聡子／おうし座

Hauynite
アウイナイト／グランディディエライト
Grandidierite

Hauynite
This minerals has the power to release what is in our hearts, whether it be positive feelings of joy, happiness, beauty, affection, caring, and love, or negative feelings such as sadness, sympathy, pain, or hopelessness.

Grandidierite has the meaning and properties to purify body energy. It is a gemstone to cleanse negative energy accumulated unconsciously.

Txt. Sawako Takahashi

「幸運を引き寄せるアウイナイト。
何かのタイミングかもしれませんね」

ジュエリーがきっかけで
身体の調子が良くなるなんて……

　その朝も岩見が携帯を開けると新しいメッセージ
がたくさん届いていた。仕事メールの中に、宝石を
買った人から"その後"を知らせるメッセージを見
つけると、うれしくなる。ジュエリーをきっかけにそ
の人が変わっていく、もちろん良い方向にだ。それ
を一緒に楽しめるのは、パワージュエリーを扱う岩
見にとって、いちばんの醍醐味でもある。

　その日は、2カ月前に、娘さんへの贈り物にとグ
ランディディエライトを購入された70代の涼子さん
から、ちょっと不思議なメッセージが届いていた。

ペンダント　Pt950　アウイナイト / パライバトルマリン / ダイヤ
アウイナイト 0.58 ct / パライバトルマリン 0.28 ct / ダイヤ 0.4 ct
参考上代 900,000 円
リング　Pt950　グランディディエライト / ダイヤ
グランディディエライト 0.15 ct / ダイヤ 0.4 ct
参考上代 450,000 円

　「こんなことをお知らせするのは、変に思われるかも
しれないのですが……」と始まったメッセージには、
グランディディエライトを贈った次女・聡子さんの体調
の変化について綴られていた。ここ数年、ある免疫系
疾患のためにステロイドが手放せなかった聡子さんの
症状が改善し、薬剤の量が減り続けているというのだ。
　「ジュエリーで身体の調子が良くなるなんて、ちょっ
とまゆつばものでしょう？ 誰にも言えなくって。でもそ
れ以外に変わったことは何もないんです。お医者様に
聞いても、治療やお薬は、何も変えてないって」
　岩見はそれほど驚かなかった。科学的に説明がつ
くような話ではないし、世の中にあふれる怪しい商法
と同じように思われても困るので、あえて触れはしない
が、そういう報告をいただくことは少なくはない。それ
に、聡子さんにあのジュエリーが効くのはわかってい
た。だから、驚くというより、やっぱり、という感覚で、
聡子さんの症状が改善して良かったとほっとした。

リング　Pt950　アウイナイト / ダイヤ
アウイナイト 0.28 ct/ ダイヤ 0.19 ct
参考上代 1,500,000 円
ペンダント　Pt950　アウイナイト / ダイヤ
アウイナイト 0.58 ct/ ダイヤ 0.28 ct
参考上代 1,000,000 円

リング　Pt950　グランディディエライト / ダイヤ
グランディディエライト 0.15 ct / ダイヤ 0.4 ct
参考上代 450,000 円

母に誘われてジュエリー会へ

　岩見の自宅で不定期に開催する、知り合いだけのお茶会のようなジュエリー会に、母と姉と一緒に聡子さんはやって来た。彼女は、長年勤めている会計事務所での激務に、40歳をむかえた体質の変わり目が重なり、2年程前から免疫系のバランスを崩してさまざまな不調を抱え、休職中だった。服用するステロイドの副作用から顔がかなり腫れていた。目に見える不調というのは女性には特につらい。そんな状態で外へ出るのも嫌がっていた聡子さんを、たまには気晴らしにと母の涼子さんが誘ったのだ。聡子さんは、心配する母親や姉をむげにはできず、半ばしぶしぶやって来たのだった。

　もの静かで芯のしっかりした人、そんな第一印象どおり、会計事務所では控えめながら有能な仕事ぶりを買われ、事務全般を取り仕切る立場を任されていた。細かい作業もきちんと正確に仕上げる性格に向いている仕事だったけれど、膨大な量をこなす負担は大きい。生真面目な性格のため、休日も残務整理にみずから出勤してしまうなど、息抜きが下手な面があった。気付かないうちにストレスを溜め込んでしまい、身体の内側に向いてしまうのが、彼女のようなタイプには多い。医師から処方された対症療法のステロイドの量はどんどん増え、ついには休職せざるを得なくなった。先の見えない治療が続く中、鬱屈した自分をどうにかしたくても、何をどうすれば良いのか途方に暮れる毎日を送っていた。

ペンダント　Pt950　0.2 ct
参考上代 200,000 円
ペンダントトップ　Pt950　グランディディエライト / ダイヤ
グランディディエライト 0.61 ct/ ダイヤ 0.32 ct
参考上代 950,000 円

なぜか心惹かれた希少なラッキージュエリー

　南向きの明るい光がさしこむリビングのテーブルに、宝石店であれば、おいそれと触れないようなジュエリーが、所狭しと並んでいる。母と姉は早くもお気に入りの石を見つけ、あれでもない、これでもないと楽しげだ。聡子さんもジュエリートレイに並んだ宝石に目をやると、透明の青い石に目が留まった。

　サファイア？ それよりも少し軽くてさわやかな感じがする……思わず手に取ると、「アウイナイトです。幸運を引き寄せるラッキーストーンと言われています」と岩見が教えてくれた。

　外に出るのがやっと、という聡子さんに、岩見は宝石を売ろうなどとは思っていない。そもそもお客様に「ジュエリーを買ってください、買った方がいいです」とは決して言わない。ただ、いろいろな石に触れている間に、人は自分と引き合う石を自然に見つける。そんなときに、その人がどうなりたいかという未来のために、いくつかのアドバイスをするのだ。

　岩見は、聡子さんに伝えたいことがあった。

　「今選ばれたような、ブルー系の石はいいですよ。アウイナイトというのはラピスラズリと似た組成なんですが、高温でいったん溶解したものが結晶するというとても希少な石です。その確率が幸運なぐらい、ということで、ラッキーを引き寄せると言われているの。これも何かのタイミングかもしれませんね」

　ジュエリーを買うつもりもなく連れて来られたけれど、最近心が浮き立つようなこともないし、華やかなものに触れるのもいいかもしれない。価格も手頃だ。「買ってみてもいいかな」そう思ったとき、岩見がもうひとつ別の石を差し出した。
「ね、聡子さん。これ、手のひらにのせてみて」

　落ち着いたブルーグレイの石。
　「グランディディエライトっていう、さらに希少なレアストーンなんです」と言って岩見が手のひらにそれを置いた瞬間、「私、この石が欲しい」。聡子さんは言葉では説明できない、衝動のようなものを感じた。色がきれいだとか、デザインが好みだとかいうことではない。理由はわからないけれど、自分にはこれが必要だ、そんな言葉が心の内から聞こえてきた。

　医学的な知識はさておき、岩見は聡子さんの不調の原因は、水の素質が足りない、つまりいろいろな流れが滞っているからだと星を読みといた。彼女のホロスコープには、「おうし座の真面目で誠実なところが強く出たとき、頑固な側面が強くなって、自己犠牲的に仕事へまい進する、いわゆるワーカー

ホリックタイプ。そして趣味を楽しむなどの息抜きが下手」とある。水の性質を持った青系の石で、エネルギーの高いグランディディエライトは、ダイヤモンドよりも太古の地層から見つかっているレアストーンだ。そのため、地球の起源につながるような強いエネルギーを持っていると言われている。

　地球の核の付近にはダイヤモンドの層があるとされている。ダイヤモンドは炭素の結晶で、高温高圧の一定環境のもとで長い年月をかけて結晶する。一般的に我々が目にする天然ダイヤモンドは、少なくとも20〜30億年かけて地球内部で結晶したものが地殻変動によって地表近くに現れ、たまたま人類に発見されたものだ。

　太古の地層で結晶したジュエリーは、自然治癒につながる力を持つのではないかと、岩見は考えていた。

　でも、それなりの価格で、聡子さんにはとても買えそうになかった。すぐには買えないけれど、諦めもなかなかつかない。何ごとにも強く主張しない聡子さんが、グランディディエライトを着けては置き、また手に取っているのを見て、母の涼子さんが「聡子がそんなに欲しいのだったら」と贈ってくれることになった。結局、アウイナイトは自分で、そして母の気持ちがこもったグランディディエライトのふたつの石を迎えることになり、聡子さんはひさしぶりに晴れやかな気持ちになった。

リング　Pt950　グランディディエライト / ダイヤ
グランディディエライト 0.15 ct/ ダイヤ 0.4 ct
参考上代 450,000 円

石がなくなった理由

　涼子さんのメッセージからさらに4カ月ほど経った頃、今度は聡子さん本人から岩見に連絡があった。その後体調がさらに改善し、なんと、ステロイド断ちに成功したというのだ。これには主治医も首をかしげるばかりだったが、聡子さんはパワージュエリーとの出逢い以外に考えられないという。

　ひとつ残念なことは、体調が劇的に快方に向かい出した頃、アウイナイトをどこかで失くしてしまったのだ。岩見はこれもよく起こることだと思った。石は、その役目を終えると自然に持ち主から離れていくことがある。あのアウイナイトのブルーがなかったら、聡子さんはジュエリーを触ってみようとしなかったかもしれない。アウイナイトは、強力なパワーを持つグランディディエライトと聡子さんを引き合わせ、身体が快方に向かうきっかけをもたらし、そして離れて行ったのだ。

　最近の聡子さんは、肌が見違えるようにきれいになり、仕事復帰への意欲がわいてきているという。

　岩見は、いなくなったアウイナイトに向けて、心の中で「ありがとうね」とつぶやいた。

Case. 4 主婦：理恵／てんびん座

Precious stones

貴石＆ダイヤモンド

Diamond

Diaomond
it is an emblem of purity and perfection, of invincible
spiritual power, and it is the stone of committment,
faithfulness, and promise between husband and wife.
Symbol of light and brilliance; unconquerable;
treasures, riches, intellectual knowledge.

Txt. Sawako Takahashi

「ダイヤは地球の核だから、
あなたの中に、
芯となる強さをくれますよ」

ハートカットダイヤペンダント　Pt950
ダイヤリング　Pt950
ダイヤブレスレット
岩見私物

モラハラ夫に悩み、
自分自身を見失っていた

　キッチンカウンターの上で、スーパーマーケットで買ってきた豆苗を栽培している。3度目の収穫が、そろそろ食べられそうだ。豆苗は、水さえ替えておけば、また伸びてくる。その生命力の強さに驚かされる。ママ友のひとりも「私も豆苗育ててる！もったいないし、かわいいもんね〜」と、節約術を楽しそうに話していたけれど、彼女と自分とでは栽培する真剣さが違う。家計をめぐる夫との闘いに、ささやかに抵抗する手段のひとつなのだ。夫との口論を考えると欝々とした気持ちになるけれど、気弱になっちゃいけない。

（左から）
Pt950　ダイヤリング 0.30 ct
参考上代 200,000 円
Pt950　フルエタニティダイヤリング　2.57 ct
参考上代 3,000,000 円
Pt900　ダイヤブレスレット　ダイヤ 1.5 ct
参考上代 500,000 円
K18WG　ステラジェムブレスレット　ダイヤ 0.10 ct
参考上代 150,000 円

　結婚12年目の夫とは、いちおう恋愛結婚だった。いちおう、というのは、お互いがこの人しかいない、というような熱烈な盛り上がりがあったわけではないからだ。理恵さんと夫は、農業用肥料や薬剤の会社の同僚で、なんとなく付き合い出し、1年半ほど経った頃に「まあそろそろ……」という流れで結婚した。会社で研究職に就いていた理恵さんは典型的な"リケジョ"。自分の研究分野や仕事は緻密に考え抜いて没頭するが、興味の範囲外のことには鷹揚で、こだわりの少ない、のんびりとした性格だった。

夫も理系の人間なので、変に感情論でいさかい
になることもない。愛情表現が豊かとは言えないの
で女性としては物足りないこともあるし、多少もの
ごとに細かいところは気になるが、穏やかな暮らし
に満足していた。

　ボタンのかけ違いは、理恵さんが3人目の子ども
を妊娠した頃から始まった。子どもはふたり、ずっ
とダブルインカムでいこうという生活設計を立ててい
たところに、思いがけず3人目を授かったのだ。子
どもの誕生は喜んだものの、ライフプランが大きく
変わった夫は、将来への不安から家計にうるさく口
を出すようになった。

　もちろん生活を守っていくために、節約や計画的
な家計管理は必要だ。しかし、徐々に夫の要求は
エスカレートしていった。外食はどんな理由であれ
だめ、家庭の食事でも肉料理は月に数回だけと決
められる。暖房は、室温が10度を下回らなければ
つけてはいけないなど、度を越していった。

　節約だけなら我慢もできたが、精神的につらかっ
たのが、3人目の妊娠を機に仕事を辞めた理恵さん
への風当たりが、どんどんきつくなったことだった。
ことあるごとに、「君は何にも生み出してないんだか
ら」などと暴言をぶつける。家計に貢献をしていな
いのだから、稼いでくる夫に意見を言う権利はない
といった態度だ。にもかかわらず、理恵さんはどこ
かで「そうだ、自分が悪いんだ」と思ってしまって
いた。

閉塞感に光がさした岩見との出会い

「それ、どう考えてもおかしいでしょ!」。信頼する友人が自分のことのように怒り出したのを見て、理恵さんはやっと我に返った。「そうだ。ふたりで築いていく家庭なんだ……」。諦めきっていたけれど、何かおかしい、という気持ちが生まれた。とはいえ、すぐに夫に反論するような元気もなかった。

心配した友人が紹介したのが岩見だった。友人は熱烈な岩見ファンで、「会うだけで元気になるよ!」と言う。彼女は岩見からお守り代わりにダイヤを買ってから人生が一変したというのだ。勤めていた会社を辞め、フリーのクリエイターとして独立して仕事もうまくいっており、毎日が新しい刺激の連続で生き生きしている。急にどうしたんだろうと思うほどの変貌ぶりを不思議に感じていたこともあり、きっかけとなった"岩見さん"に会ってみたい気がした。ジュエリーの販売会社ということで多少腰は引けたが、友人がピアスを見に行くというので、思い切ってついて行ってみることにした。

（左から）
K18yg　ステラジェムブレスレット　ダイヤ 0.10 ct
参考上代 150,000 円
K18yg　ダイヤリング 0.70 ct
参考上代 300,000 円

エレベーターを降りて通された一室は、一般的な会社の事務所と変わらなかった。デスクが並び数人のスタッフがめいめい仕事をしている。テーブルの上に積み上げられた厚みのない箱に宝石がびっしり並んでいる。

　奥の方から、明るい笑顔の女性が近づいてきた。岩見だった。「初めまして。ここは弟が役員をしている会社で、宝石の製造元なんです。一般のお客様は来られないから、ふかふかのソファとかきれいなショーケースはないの、ごめんなさいね。そのかわり、できたてほやほやのジュエリーが、卸価格で買えちゃうのよ！」と、あっけらかんとしゃべり出して理恵さんを驚かせた。「私は企画と広報を担当してるんです。買わなきゃ帰らせない、っていうのは私の仕事じゃないから、気軽に見ていってくださいね」と、サッパリした明るさだ。

　友人は慣れた感じで、目をキラキラとさせながら、積み上がったジュエリーの箱からあれやこれやと、ピアスを合わせている。ここ数年、自分のものを購入することもなかった理恵さんは、なんとなく気後れして、落ち着かない気分だった。その様子に気づいた友人が、「岩見さん、彼女今大変なんですよ。ホロスコープを読んでもらえませんか？」と岩見に頼んだ。

　「ホロスコープ？」と、理恵さん。

　「岩見さんはね、その人その人の星を見て、必要な宝石のアドバイスをくれるの」

　理恵さんも占星術に興味はあった。リケジョでもあり、星占いの理論も少し勉強し、自分で星図を見ることもあったが、人に見てもらうのは初めてだ。少しどきどきしながら、「お願いします」と生年月日と出生時間、出生場所などを告げた。

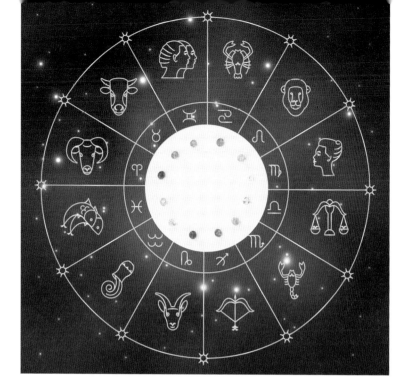

ホロスコープが導いた 4 つの貴石

　「太陽星座がてんびん座、月がしし座ですね。頭のいい方なので理系というのはうなずけます。情緒的というよりはあっさりした性格。我慢しいのコツコツ型なうえに、風の要素が強いからちょっと流されやすいところもあって。だから、家庭内でも我慢して調整役をやってしまうんです。パートナーによっては、ずっと我慢した生活を続けてしまうかもしれませんね」

　理恵さんは固唾をのんで聞いていた。何ごとにも理論と実践があるように、ホロスコープの読み方にも読み手のフィルターというか、センスみたいなものが加えられる。岩見の言葉は淀みなく的確に自分の星図を読み解いている。ああ、そうやって解釈するんだ、と目からうろこの部分もあった。

「感心している場合じゃないよ！それで、理恵は何を身に着けたらいいんですか!?」夫との関係を知っている友人が憤慨しながら岩見に聞いた。身に着けるって、買うなんて言ってないのに……と思う反面、興味はあった。

「理恵さんの場合はね、まずはダイヤです。風の要素が強くて流されやすいから、自分ではこうと思っていても、調整役の性質が出て、相手に強く反論されると『そうなのかな』と納得してしまう。まずは地球の核である炭素の結晶、ダイヤを身に着けて、魂をグラウンディング（地球のエネルギーと自分自身を同調）させた方がいいと思うわ。しかも、月星座はしし座。しし座の守護星は太陽で守護石はダイヤモンドだから、ダイヤモンドは着けた方がいいですね。相手に媚びると、ご自身の運気を下げてしまうから気を付けて」。話を聞いてすぐに、なんとなく乗り越えられそうな気になっている自分が不思議だった。

ピアスの次にネックレスを物色している友人を横目に、岩見はまだホロスコープを見ている。

「あと、理恵さんは社会性に人生の課題があります。会社の人間関係とか、うまくいってますか？ 火星・水星・金星が近接している、ということは、ご自身の才能豊かな専門性を活かし、自分を表現して社会に参加していくというもの。それがこの世に降り立った目的ですよ」

その通りだった。産休を取る前から、人間関係で悩み、体調を崩して休職したことが２度ほどあった。研究職は好きだが、組織の中で自分を表現するのが下手だった。でも、才能豊かな専門性？ 好きなことはイラストを描くことぐらい……。

すべて岩見私物

岩見はなおも続ける。

「ダイヤはお持ちじゃない？ ほら、ご主人からいただいたエンゲージリングとか……」

そういえば、夫は婚約指輪もくれなかった。「結婚指輪と婚約指輪の両方が必要なんて無駄じゃないか」と言われたのだ。そんなことを考えていたら、岩見が小さなネックレスをトレイにのせた。真ん中のダイヤを取り巻くように紅のルビー、ブルーのサファイア、グリーンのエメラルドが周りに配置された花のモチーフ。すべて貴石と呼ばれる宝石だ。

「魂をグラウディングさせるダイヤと、近接する3つの星の石が並んで、情熱や誠実さ、美的センスなどでバランスよくプロテクトしながら表現することを助けてくれます。ジュエリー初心者にも合わせやすいデザインだから、こういうのから始めてもいいかも。今日うちで買ってくださいということじゃなくて、どこで買ってもいいと思うので」

友人は「理恵にぴったり！ 服も地味な色ばっかりだし、ちょっと可愛さもあっていいよ！ 旦那と対決するのに、ダイヤぐらい買っておきなさいよ！」と興奮気味に言う。これが流される私なのかとちらりと頭をかすめたが、なんとなく、いい方向に流れていくような気がした。自分のものを、しかも何万円もするものを買うのは独身時代以来だったが、今回は「自分で決めて流されてみよう」と、そのネックレスを着けてみることにした。

貴石たちに守られたダイヤモンドが、自分の芯をきゅっと定めてくれるような気がする。自分に強さをくれるお守りジュエリー。これを選び取ると決めたのは自分自身なのだ。

K18yg　ダイヤリング 0.70 ct
参考上代 300,000 円

やりたいことを見つけて、夫婦関係も変化

　ネックレスを買ってからの夫婦関係の変化には、自分がいちばん驚いている。まず夫に「寒いときはエアコンをつけます。子どもが風邪を引くから！」と宣言した。夫は驚いて口論になったが、理恵さんは引き下がらず、結局、夫の両親を呼んで家族会議になった。今までのやりとりや投げつけられた言葉を洗いざらい訴えると、義父母も驚き、息子のひどい言動を詫びてくれた。夫も彼なりに反省したようで、関係修復のための"提案書"を渡された。会社の資料のようにパワーポイントで作られたもので、夫婦なのに……と苦笑したが、夫の誠意は感じられた。

　理恵さんは、岩見のところへ連れて行ってくれた友人の誘いで、在宅でイラストの仕事を少しずつ始めている。子ども用の家庭学習教材の挿し絵に描いたキャラクターが好評で、自分の作品が多くの子どもたちに慕われているのを見ると、もっともっと描きたい、と意欲がわいている。少しずつ収入も得られ、夫も理恵さんの活動を認め始めたようだ。これからは独立した大人同士の新しい関係が作れたらいいと思っている。豆苗を、心から楽しんで栽培できる日は近いかもしれない。

◆ まず持つべき宝石はダイヤモンド

この本を読んでくださっている皆様に、まずは大切なパワージュエリーをお伝えしなくては始まりません。

"ダイヤモンド"です。語源は、"征服されざる者 adamas（アダマス）"を表すギリシャ語から、アダマンタイン、ダイヤモンドと名前が変わってきました。

ダイヤモンドが初めて歴史に記されたのは、紀元前1世紀頃。博物学者ガイウス・プリニウス・セクンドゥスが書いた『博物誌』だという説が有力です。これは、自然と芸術について書かれた世界最初の網羅的な百科全書で、古代の知恵の集大成だと評価されています。

当時はダイヤモンドの硬さを研磨する技術がなく、ダイヤモンド独特のブリリアンシー（内側からキラキラと反射する輝き）を見ることはできませんでした。そのため装飾品としてではなく、石板に文字を書くなど、道具として使われていたようです。

ローマでは8世紀頃に原石のまま装飾品として使ったという文献が残っているようです。透明で不思議なほどに硬い石ということで、中世までさまざまな逸話や迷信が伝えられています。例えば、ものを浄化する力がある、無敵の力、霊力が宿り未知なる敵に勝つなどです。

ダイヤモンドは、地下150〜250kmのマントルと地殻の間に大量に存在する、ということが近年の研究で明らかになっています。世界中の地下に存在しますが、現在の科学がそこに到達する技術を持っていないために、自然エネルギーによってたまたま地表近くに出てきたものしか手に入れることができません。

ダイヤモンドは純粋な炭素（元素記号C）が結晶したもので、その結

Pt950　ダイヤリング
岩見私物

晶速度と地球科学の研究から、一般的な天然ダイヤモンドの大きさに成長するまでに、20億年〜30億年もかかることがわかっています。ダイヤモンドの結晶構造を解明すれば、生物の起源がわかる、という研究も進んできています。地球にいる人間とダイヤモンドは起源が重なるかもしれないという仮説も、そう妄想的ではないのかもしれません。

　人間の体を構成している主な元素に炭素が含まれていることを思うと、私たちがダイヤモンドを持つということは、地球とつながるという意味にもとれませんか？ "見えない何か"を信じるのであれば、とても意味深いことです。

　地球のコアとつながることは、地球に生まれた私たちの魂がきちんとグランディングするということだと思うのです。なので、まず持つべきパワージュエリーは、ダイヤモンドだということをお伝えします。

　引き出しの中に眠っているダイヤモンドがあるのなら、どうぞ身に着けてみてください。デザインが古い、サイズが入らないという問題はリフォームで簡単に解決することができます。

　ダイヤモンドを身に着けて、地球とつながる不思議な感覚に気付く。それは自分の内面を感じること。このみずがめ座時代にとても重要なことだと信じています。

太陽星座とジュエリーの関係

宝石の多くは鉱物で、含まれる元素の種類と割合によって色や性質が異なります。しかし、ギリシャ時代後期に元素という理論はなかったので、惑星から放たれる光の色と宝石の色のシンクロニシティ（意味のある偶然の一致）に注目していました。惑星と宝石の色に、ギリシャ神話の神々が関連しているという解釈がなされ、12星座それぞれに守護神があてはめられ、星座石（宝石）が紐づけられました。

私がセッションでお客様の星を読んで未来につながるパワージュエリーを選ぶとき、星座石をもとにした太陽星座の選別表を使用します。宝石は時代によって、産地や性質、色相、明度、彩度が違います。この表は、これまでのセッションを通して気付いた現代の宝石のエネルギーをあてはめて独自に作ったものです。

私のセッションではその方の生年月日、出生時間、出生場所からホロスコープの出生図（ネイタルチャート）を作成し、その方の生まれ持った星を読みます。チャート上の太陽と月の位置から、太陽星座と月星座が何かを見て、その他、金星、水星、木星、火星、土星、海王星、天王星、冥王星、キロン、ヘッドなどの天体の意味すること、その天体が干渉する角度（アスペクト）や、MC、ASDなど、天体の感受点と言われるポイント、天体がある場所（在室する）ハウスなどを総合的に見ていきます。次にホロスコープからその方の星を読み、その星にリンクするパワージュエリーを見るのです。

一般的に「誕生石」といわれるものは宝石業界独自のものですから、パワージュエリーという観点では私は重要視していません。

ネイタルチャート

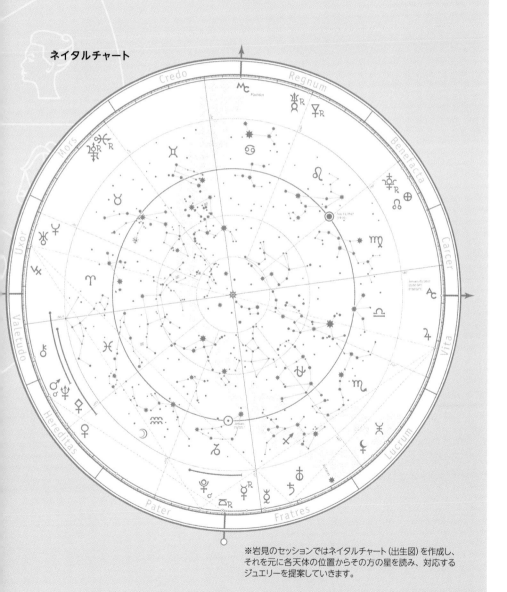

※岩見のセッションではネイタルチャート（出生図）を作成し、それを元に各天体の位置からその方の星を読み、対応するジュエリーを提案していきます。

ディーラリエ流 太陽星座とパワージュエリー 一覧

	守護星 （ルーラー）	ギリシャ神話の神 （守護神）	英語名	宝石	
おひつじ座	火星	アレース	マルス Mars	ルビー ガーネット ルベライトなど	
おうし座	金星	アフロディーテ	ヴィーナス Venus	エメラルド グリーンガーネット スフェーン	
ふたご座	水星	ヘルメス	マーキュリー Mercury	イエローダイヤ ゴールデンサファイア インペリアルトパーズ	
かに座	月	アルテミス	ダイアナ Diana	パール オパール ムーンストーン	
しし座	太陽	アポロン	アポロ Apollo	ダイヤモンド パパラチアサファイア	
おとめ座	水星	ヘルメス	マーキュリー Mercury	イエローダイヤ インターナリーフローレス ダイヤモンド	
てんびん座	金星	アフロディーテ	ヴィーナス Venus	エメラルド グリーントルマリン ツアボライト	
いて座	木星	ゼウス	ジュピター Jupiter	タンザナイト スギライト アウイナイト	
さそり座	冥王星	ハデス	プルートー Pluto	アレキサンドライト ブラックオパール	
やぎ座	土星	クロノス	サタン Satan	サファイア アウイナイト アフガナイト	
みずがめ座	天王星	ウラヌス	ハーディ Hardy	アレキサンドライト パライバトルマリン ラリマー	
うお座	海王星・木星	ポセイドン・ ゼウス	ネプチューン・ ジュピター Neptune・Jupiter	パライバトルマリン アクアマリン	

※守護神は守護星にリンクしているため、同じ守護神を持つものがあります。例えばおうし座とてんびん座は、守護星は同じ
ですが、エレメント※が "地の星座" と "風の星座" というふうに、性質が違うため、対応する宝石のエネルギーも違ってきます。
※エレメント／12星座の分類で、火、地（土）、風、水の4つがある。

◆ 占星術の歴史

今から約6500年頃前、紀元前4500年頃のバビロニア、メソポタミア文明で世界最古の占星術が体系化されたと言われていますが、『旧約聖書』創世記 第11章で語られている "バベルの塔" に上がって星の動きを観測して気象を予測し、国の統治や戦いを占い、王に進言していたと伝えられています。

その後、星を神格化し、宝石をリンクさせたのは、ギリシャ時代の後期だと考えられています。

星にはギリシャ神話の神々が宿り、観測される星に神々のメッセージがあると考えられ、占星術の研究が進められました。星の動きによる暦が作成されたのもこの時代と言われています。

星から地球に届く光は神々のエネルギーであり、その星の光の色と同じ色の光を持ち、地球の内部から奇跡的に現れたものが宝石。よって、宝石の光（物理的には光の波動）は、天体に宿る神々のエネルギーそのものだと信じられました。

科学が発達していなかった古代ではむしろ、民の命を預かる王という権力者が、星や宝石から放たれる自然エネルギーを強く受け取り、天の神と通じていると信じることで、為政者としてさまざまな判断をしていたと考えられます。

　地球から見ると、太陽は毎日 1
度ずつ東から西に移動し、1 年で
360 度、つまり私たちがいる地球
を一周します。星座の頂点に太陽
が来て、その星座の中で太陽は1
カ月を過ごします。太陽が星座間
を移動する想像上の道を "黄道" と
呼び、その黄道にある星座を "黄
道 12 星座" として星座それぞれに
名前が付けられました。これがおひ
つじ座からうお座までの12 星座で、
今日まで続く、"星占い" のもとです。
　最高の権力者である王までを操
る "占星術" が歴史的背景を変え
ながら、特にギリシャとローマの占
星家たちが13 世紀に、"ホロスコー
プ" を作ったと言われています。

◆ パワーストーンとは

町でパワーストーンのアクセサリーや小物をよく見かけます。宝石と混同する人がいますが、パワーストーンは宝石ではありません。その名の通り"石"です。

パワーストーンと呼ばれリーズナブルに出回っているものは、希少価値という意味において、ジュエリーとは比べ物になりません。海外の採掘現場や石のマーケットに出向いたときに、その扱いの差は一目瞭然です。上質なジュエリーの原石は誰にでも見せるものではなく、信頼のおける相手とのみ交渉します。逆にストーンは十把一絡げで販売されます。ジュエリーとストーンは、出土したときからまるで違うのです。

希少価値が高く、商品価値も高いジュエリーは、原産地や処理、加工について、コストをかけて厳しく鑑定、鑑別、明記されます。一方、採掘場所も採掘量も多い水晶やめのうなどのストーンは、あえてコストをかけて産地や品質検査をする必要はありません。"ヒマラヤ産水晶"と販売されているものがあったとしても、そのエビデンスの信憑性を証明するものはあるでしょうか？ ジュエリーの鑑定書や鑑別書はさまざまな機関が発行していますが、一般的なものとして、全国デパート協会が定める指定鑑別機関の、「中央宝石研究所鑑定書」「ダイアモンドグレーディングラボラトリー鑑定書」「GIA鑑定書」などがあります。

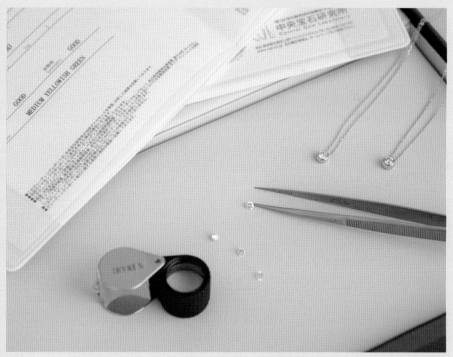

Case.5　高校教諭：美咲／みずがめ座

Diamond

ダイヤモンド／パパラチア

Padparadscha

Padparadscha
The name padparadscha derives from the Sinhalese
means lotus blossom, as the stone is of a similar
color to the lotus blossom.
It is a gentle stone with enormous energy that is said
to have many positive attributes.

Txt. Sawako Takahashi

「慈愛の石パパラチアが応援しているから、
今は家庭に
軸足を置く方がいいかもしれません」

Pt950　パパラチアサファイア / ダイヤリング
パパラチアサファイア 2.0 ct
岩見私物

スマホで宝石を見るひと時だけが自分の時間

　美咲さんはスマートフォンを開いて、岩見のインスタグラム "nrallie" のポストを眺める。上のふたりのお兄ちゃんたちが習いごとに行っている間、外へ出たがる末の子を公園へ連れてきた。砂遊びに夢中になっている少しの間だけ、自分のために時間を使おう。キラキラしたジュエリーと岩見の弾むような言葉を見るだけで心が満たされる。

　中学1年生を頭に3人の男の子の子育てをしながら、週3日は市内の高校で非常勤の美術教師として勤務している。慌ただしい毎日の中で、自分だけのことに意識を向けられるわずかな時間は、いちばんの贅沢だ。

岩見のインスタグラムをフォローし始めたのは１年ほど前から。友達のSNSで見かけたのがきっかけだった。他のジュエリー販売サイトと違って、"星とジュエリーの Story"という言葉に惹かれ、岩見のブログも訪ねてみた。ジュエリー屋さんなんてどんな華やかなマダムなんだろうと、のぞき見してみたい気持ちもあったが、記事を読むうちに単なるセレブ女性ではないと気が付いた。あちらはもうかなり大きいけれど、自分と同じように３人の子どもを育て、広告代理店を起業してからいろいろな賞を受賞している。代表取締役として、著名な企業などさまざまなクライアントの案件を切り盛りしながら、家業であったジュエリーの仕事までスタートしている。いったい、いつ寝ているんだろうというような忙しさが伝わってきた。子育てと仕事に奮闘している同じ女性として、親近感がわいてきた。

Pt950　パパラチアサファイア / ダイヤペンダント
岩見私物

自分のために小さな宝石を買う楽しみ

K18　ダイヤフープピアス　ダイヤ 1.0 ct
参考上代 400,000 円
K18　ダイヤペンダント　ダイヤ 1.0 ct
参考上代 580,000 円

「宝石は星と地球の贈り物。宝石に投影された星のパワーを自分の人生に活かしましょう」という岩見の考え方に、もともと星占いが好きな美咲さんは「この人からジュエリーを買いたい」と思うようになった。

　ブログや岩見尚見公式LINEで流れてくるスペシャルキャンペーンのときには、デパートでワンピースを買うくらいの価格のものもあった。キャラット数やグレードなどが同じ他の通販の商品と比べても、かなりお得な価格設定だったので、思い切って小さなダイヤのプチネックレスを買ってみることにした。これなら少し高めのアクセサリーとそう変わらないし、そろそろ本物のジュエリーが欲しいと思っていた。会ったこともないジュエラーに親近感を持ち、SNSを通じてジュエリーを買うなんて……と揶揄する友人もいたが、美咲さんは自分の直感を信じていた。何より、SNSで行われる岩見セレクトジュエリーのキャンペーンのときは、支払いなどの手続きを岩見と直接やり取りできることも楽しかった。ドキドキしながら商品が届くのを待ち、開けると丁寧に梱包されてD-rallie のリボンがかかっている。それを開ける瞬間、自分へのご褒美という喜びが高まり、とてもハッピーになれた。そして写真で見るよりも、本物は数倍、いや数十倍素晴らしくて、想像以上に大満足した。

　そのあとも、フェアやキャンペーンの際に小さなリングやネックレスを買い集めていった。自分の給料で買える範囲だし、夫と3人の男の子に囲まれて暮らしていると、女性らしい気持ちをサポートしてくれるものが欲しかった。母親が明るくやさしい気持ちでいられれば、家の中は幸せな空気で満たされる。

祖母の形見をリフォームしたい

　岩見に直接コンタクトを取ろうと思い立ったのは、祖母からもらったプラチナとダイヤでできたペンダントトップをリフォームしたいと思ったからだ。王冠の中にピンク色のものが入ったネックレスを気に入ってはいたが、大振りで重く、普段身に着けるには、ためらいがあった。岩見のジュエリーランチ会で、参加者が家に眠っているエンゲージリングや、家族から譲り受けたジュエリーを手ごろな価格で修理したりリフォームしたりしているのをブログで見ていた。

　ジュエリーを購入する際にメールでやり取りするくらいだった岩見に、思い切ってメールで相談してみた。忙しいだろうと心配したが、あっさりと「近くまで行く仕事があるので」と快く応じてくれ、ふたりでカフェで会うことになった。実際に会ってみると、きゃしゃな身体から明るいエネルギーがぱーっと広がるようなイメージで、質の良さそうなワンピースが品の良い華やかさを醸し出している。コロコロとよく笑い、少し早口でめりはりのある話しぶりは、聞いているだけで元気がもらえた。美咲さんは自分の直感が正しかったと思いながら、祖母のペンダントをテーブルに差し出した。2cmぐらいの立体的な王冠の形をした重たいペンダントだった。

美咲さん（仮称）が、実際に岩見にご相談されたプラチナ／ダイヤのペンダントと中に入っていた珊瑚のペンダントトップ（リフォーム後）

「大きすぎてちょっと重いし、どう着けたらいいのかわからないし、いいものなのか、偽物なのかもわからないのですけど。ただ、亡くなった祖母はとても私のことをかわいがってくれて、これはあなたにって……」と話を聞きながら岩見は、丁寧に自分の手にペンダントをのせた。まず重みを確認し、肉眼で熱心に観察し、そしてルーペを取り出してくまなく細部を見ていた。

　「これは、とっても珍しいプラチナとダイヤモンドの仕掛けネックレスです」と、王冠のトップの部分をくるくる回すと、王冠が開いて、中にピンク色の石が顔をのぞかせた。驚く美咲さんに岩見は、「中にあるのは桃珊瑚。女性のお守りです。ほら、出てきなさい。あら、恥ずかしがってるのかな、王冠にすっぽりはまっちゃってますね」。岩見の手にぽろっと出てきた真円のピンク色をした珊瑚に付いた金具は少し歪んでいた。

　「チェーンを通せるように、カンを付け替えるだけでシンプルなお守り珊瑚になって、お仕事へも着けていけますよ。王冠はプラチナ製でとても高価なものだからリフォームなんてとんでもない。このまま使いましょう！チェーンを長めにしてトレンドを取り入れるだけで、おしゃれなジュエリーになりますよ。おばあさまのパワージュエリー、このまま使えます！」

　こんな利益にもならないことで会ってもらって良かったんだろうか、美咲さんは一層岩見のことが好きになってしまった。岩見のアドバイス通り、王冠と珊瑚に分け、シンプルなネックレスにリフォームすることにした。

心の迷いをホロスコープで再確認する

リフォームの話が一段落して、美咲さんは思い切って聞きたかったことを口にしてみた。「私のホロスコープには、どんなことが書いてありますか?」岩見は「占い師ではないので、ジュエリーを選ぶとき以外は見ないことにしてるんですけど、美咲さんは SNS で、いくつも買ってくださっていますものね。それに、おばあさまも気にされているかもしれないし……」と笑いながら、スマホで美咲さんのホロスコープを開けた。

「太陽星座はみずがめ座で、月星座もみずがめ座なんだ。なるほど。とても個性的で精神が複雑な星なので、独自の世界観を創り上げる美術系のお仕事が合いますね。それから……」、と岩見はひとりごとのように星図を見ながら、考えごとをしているような表情をしている。

「あの、今お仕事のことで迷ってらっしゃいます?」「えっ」「家庭と仕事のバランスが気になるんです」

自分の身の上は話していない。主婦なのか、子どもが何人いるのか、仕事をしているかどうかも。それなのに、最初に家庭と仕事のバランスという言葉が出てきたことに、美咲さんはびっくりした。まさに、自身の悩みだったからだ。非常勤で勤めている高校に正職員として勤務しないかという話があって、ずっと迷っていた。

（左から）
Pt950　パパラチア / ダイヤ　チャーム
パパラチア 0.2 ct/ ダイヤ 0.2 ct
参考上代 150,000 円
Pt950　ピンクダイヤ / ダイヤリング
岩見私物

もう少し話を聞いてみようと思った美咲さんは、状況を説明しないまま、「家庭と仕事、どんなふうに出ているんでしょうか」と尋ねてみた。

　「美咲さんの場合は、公私のバランスがとても重要なんです。天体が示しているのが、社会よりも家庭やパートナーとの関係なので、バランスを取るためにはどちらかといえば、家庭に軸足を置いた方が良くなると思いますよ」

　やっぱり……。美術教師のキャリアも大切にしたいけれど、岩見のように、マルチにスピード感を持ってやれるタイプではない。今しかできない子育てや、重要なポストにつきそうな夫のサポートも、自分の納得できるやり方でやっていきたい。学校という職場は共働きが多く、比較的子どもを育てながら働ける環境が整っているが、それにしても、フルタイムで働く女性への負担は大きい。

　「家庭に軸足を置くといっても、仕事をあきらめるということではなくて、美咲さんのような星の方は、円満な家庭生活をベースにして仕事も、という働き方を見つけていける方なんですよ」という言葉にも納得できる。

（左から）
ダイヤペンダント　Pt950　　ダイヤ 0.20 ct
参考上代 200,000円
ペンダントトップ　Pt950　　パパラチア / ダイヤ
パパラチア 0.20 ct/ ダイヤ 0.20 ct
参考上代 150,000円
ペンダント　Pt950　　ハートカットパパラチア / ダイヤ
パパラチア 1.80 ct/ ダイヤ 0.26 ct
参考上代 850,000円

自分流のワークライフバランスに気付いた

ペンダント　Pt950　パパラチア / ダイヤ
岩見私物

「実は、私、こういう事情で迷っていて……」と、切り出すと、うなずきながら聞いていた岩見は、処方箋を出すようにこう言った。「それなら、家庭運を上げたらいいかもしれませんね。だとすると、もうこの石しかないです。慈愛の宝石、パパラチアサファイアです」と、自分の着けているネックレスを見せてくれた。ピンクオレンジの何とも言えない可愛らしい色なのに、サファイアの一種だという。

「可愛い色でしょう。お釈迦様が座ってらっしゃるハスの花の色なので、尊い愛情や母性を象徴すると言われています。この石を着けて家庭が安定したら、自然に時機が来て、お仕事をがんばれるようになりますよ。私はそうでした」

初めて知った珍しい宝石は、岩見と別れた後もずっと頭から離れなかった。一週間ほど考えて、今はこの子たちのために時間を使いたい。非常勤の仕事と家庭をこのペースで両立していくことが自分に合っている、と心が決まった。

美咲さんは、ハスの色のパパラチアを岩見に頼むことにした。

岩見なら自分にぴったりのパパラチアを見つけてくれそうだ。母として、妻として、教師として、自分らしいバランスがあるだろう。星の設計図に書かれている自分の本質を、ジュエリーのパワーで活かすことができるなら……。星とジュエリーにある秘密を信じてみたい。柔らかいピンクオレンジの輝きを放つパパラチアサファイアが、平和に満たされた毎日を、きっとサポートしてくれるだろうと楽しみにしている。

主婦：晶子／さそり座

Paraiba

パライバトルマリン

Tourmaline

Paraiba Tourmaline
This blue green gemstone like beautiful marine collor
symbolized for wisdom, voice, insight and creativity.
It relates to light, life, love, expression and earth
through its effects on chakras.

Txt. Sawako Takahashi

「迷いがあるあなたが、
秘めたる扉を開くパライバに
惹かれるのは、
当然」

ペンダント　Pt950　パライバトルマリン / アウイナイト / ダイヤ
パライバトルマリン 0.20 ct / アウイナイト 0.1 ct / ダイヤ 0.2 ct
参考上代 950,000 円

Pt950　パライバトルマリン / ダイヤリング
パライバトルマリン 1.09 ct/ ダイヤ 0.29 ct
参考上代 10,000,000 円

自分が変われば、周りは変わる

　窓際にある、チューリップを生けたバカラの花瓶が、明るい陽射しに輝いている。外はすっかり春の陽気に見えるけれど、ここ北国の気温はまだ3〜4度しかない。クリニックの休憩室に、お気に入りの紅茶、マリアージュ・フレールのマルコ・ポーロの香りが漂ってきた。ティータイム用に、東京で買ってきたキャラメルサンドに大喜びの女性スタッフたちを見ながら、医院長の妻である晶子さんはほっとしていた。

1年ほど前までは、女性の多い職場にありがちな些細な行き違いで女性スタッフたちの人間関係はぎくしゃくし、晶子さんは、それぞれの言い分を聞き、たしなめたりなだめたり、かなり神経を使っていた。それがようやく落ち着いてきたと感じられるようになったのだ。

　元来さばさばとした性格で頭の回転が速く、何ごとにも決断の早い晶子さんは、学生時代から女性同士の小さな張り合いや独特の気の遣い合い、みんなが同じように行動しないと浮いてしまうことが理解できなかった。だから、スタッフの子どもっぽい振る舞いに、辟易とすることもしばしばだった。それが最近はゆったりと構えて過ごせるようになった。

　気持ちに波風が立ったとき、胸の真っ青に光るパライバトルマリンのネックレスをにぎりしめると、すうっと気分が落ち着く。晶子さんがものごとを穏やかに受け止めることで、自然に職場の雰囲気が変化した。温かな和気あいあいとした医院だから気持ちが良い、と患者さんにもほめられるようになったのだ。

Pt950　パライバトルマリン / アウイナイト / ダイヤリング
パライバトルマリン 0.16 ct / アウイナイト 0.24 ct
参考上代 1,750,000 円

Pt900　ダイヤピアス
タッセルタイプ　参考上代 150,000 円

人が羨む生活なのに、どこか満たされない

　晶子さんの実家は地元では名の知られた建築業で、裕福な家庭の長女として両親の愛情を十分に受けて何不自由なく育った。勉強もよくでき、特に語学の才能は抜きんでていて、カナダ留学でマスターした英語に始まり、イタリア語や北京語もすぐに習得して周りを驚かせた。

　大学卒業後は語学力を活かし、海外を飛び回る仕事に就く選択肢もあったが、愛娘を手元に置いておきたいという両親の気持ちを慮った彼女が選んだのは、地元でのお見合い結婚だった。同じく地域の名士である夫の実家は、クリニックとしてはかなりの規模を持つ家系だ。初めて会ったときに感じた彼の温和な人柄は、結婚して 15 年が過ぎる今も変わらない。息子ふたりに恵まれ、人が羨む幸せな家庭の典型のようだと思う。

それなのに、どうしようもなく焦りを感じるような、居ても立っても居られない気持ちになることがあった。なぜだろうと自問してみるけれど、確かな理由は見つからない。家事は好きだが、料理に没頭したりテーブルコーディネート教室を開くようなタイプでもない。クリニックの切り盛りや医療関係の役員雑務もてきぱきとこなしてはいるが、仕事にものすごくやりがいがあるかというと、そうとまでは言えない。子どもたちはすくすくと育ってはいるけれど、教育方針については夫や姑たちと考え方が違うところもあり、悩みの種だ。

　気晴らしにショッピングにと思っても、地方都市の百貨店では選べるものも限られるし、派手に買い物をしたらすぐに「北河さんとこの晶子さんがたくさんお買物してくださった」と知れ渡ってしまう。現状を窮屈に感じて、もしキャリアウーマンになって海外を飛び回っていたら、全然違う人生だっただろうなと、ふと考えることもあった。

　そんなある日、ママ友が札幌へ遊びに行くという。何しに行くの？ と聞くと「ジュエリーとホロスコープの話が聞ける会」という返事。

　外商の催しで、ホテルなどで開かれるジュエリー会には行ったことがある。男性の担当者がついて、部屋に並んだショーケースを順番にのぞいていく。シーズンごとに新しいデザインは出るけれど、いくつか買ってしまうとそんなに次々と欲しいものもないし、ついぞ足が向かなくなっていた。でも、ホロスコープとの組み合わせなら面白い。しかも、星を見るのはわざわざ大阪から来る女性ジュエラーだと聞き、がぜん興味が出た。そこで人生を変える出逢いがあるとは思いもせずに……。

潜在意識を引き出す
希少石にひとめぼれ

会場であるホテルのレストランの一室は20人近い女性たちの熱気があふれていた。テンションが上がって頬が赤くなっている人もいる。みんな一様に楽しそうだ。

　その中心にいたのが岩見だった。よく通る声で淀みなく話すトークはパワーいっぱいで、きゃしゃで小柄なのに周りをぱっと明るくさせるオーラみたいなものを感じて、晶子さんは一目で彼女を気に入ってしまった。

　みんな、手のひらに思い思いの石をのせて、反対側の手で熱を確かめるように石の上にかざしている。自分と引き合う石は温かく感じたりするという。

　晶子さんは不思議なことに最初から、ある宝石にしか目がいかなかった。ネオン・ピーコック・ブルーと呼ばれる青く澄んだ蛍光色を放つ、パライバトルマリンだ。

　"電気石"の異名をとるパライバトルマリンは、宝石としては歴史の浅い石だ。ブラジルで初めて発見されたのは1987年で、まだ30年くらいしか経っていない。それなのに、すでに枯渇して採掘量は皆無に近い。彗星のようにデビューして、あっという間になくなりつつあるこの宝石は、このタイミングに世に出るべくして出たと岩見は言う。「パライバトルマリンは、私の考えでは潜在意識を司る海王星の守護宝石です。人間の精神の深い海の中に住むポセイドン、ネプチューンのエネルギーとリンクしている石なので、この混迷した時代に、自分の潜在意識とつながりなさい、という意味で近年になって発見されたんだと思っています」と、説明する岩見の話には、不思議と説得力があった。

　「晶子さん、そんなにパライバが気になるなら、あとでしっかりホロスコープを見てみましょうか」という岩見と、会が終わって少人数でお茶を飲むことになった。

本能がパライバトルマリンを求めていた

PK18 ダイヤピアス　参考上代 150,000 円
（手前）K18 ダイヤブレスレット　ダイヤ 2.0 ct
参考上代 680,000 円

　「ものすごく頭のいい方ですね。晶子さんの星の
配置を見ると、さそり座だから、もともと物ごとの
裏側を見る洞察力があるうえに、超人的なぐらい先
を見通せてしまう。これだと賢すぎて周りと合わせ
ていくのが大変でしょう」

　賢すぎるなどという自覚はなかったが、昔から周
りの友人の中では少し浮いていたと思う。空気を読
むような遠回しな会話は苦手だったし、ぽんと結論

を言ってしまって場の空気が沈んでしまうということがたびたびあって、そんな性質だからか、友達は多い方ではなかった。だからこそ、人一倍、人との距離に気を遣ってきた。ずばりそこを言い当てられて、晶子さんはあっけにとられた。

「12 星座のうちでいちばんミステリアスなさそり座は、本人も自分自身のことがよくわからない。これだけ直観力と頭の回転が良い星の配置をお持ちですから、自分自身のとまどいの理由がわからず、混乱するでしょうね。でも、自分の本質を把握して方向が定まったら、どんな方面でも成功しそう。秘めたる扉を開くパライバトルマリンに惹かれるのは当然といえば当然かな。月星座がやぎ座なんですね。もしかしたらお母様が、女性はこうあるべき的な厳格な教育をされたかな? 大人になって、本来の自己をとりもどした今、思うように生きたいと心が渇望しているのかもしれません。そういう意味では潜在意識にダイレクトに働きかけてくれるパライバトルマリンに惹かれるのも納得です。人生の目的に手応えがつかめたとき、晶子さんが持って生まれた星の力が生きてくるかもしれません。もしかしたら、40 歳を過ぎた頃、人生のメンターに出逢うかもしれません」

岩見の言葉は、もやもやしていた気持ちに刺さった。晶子さんの決断は早い。直感的に彼女を信じていいと思った晶子さんは、パライバトルマリンを手にした。

本来の自分に出会えて、これからの人生謳歌する

目に見えるような劇的な変化はないかもしれない。でも、晶子さんの中では確実に何かが変わった。自分にしかわからない深いところで、魂が落ち着いたとでもいうのか、気持ちがほんとうに安定した。

今まで、"何のせい"かもわからず、焦燥感、追い立てられるような気持ち——自分はちゃんとできているだろうか、周りの人の期待に沿えているだろうか、人の目にどう映るのがもっとも適切なのだろうか——、そんなことを気にしていたと思う。常に「こうあるべきだ」と自分に課してきたけれど、私は私でいいんだと、すとんと肩の力が抜けて、人の目が気にならなくなった。田舎のちょっと窮屈なところも、気持ちが変わると景色が違って見えた。

今は自分の生活を楽しみ始めている。お年寄りや子どもの健康のための地域活動をやりたいと、思い切って声を上げてみると、スタッフが思わぬような熱心さで手伝ってくれている。得意の語学力を活かして、地元と海外姉妹都市との親善活動にも関わりだした。

スタッフや家族の顔色を気にして遠慮していた旅行にも出かけてリフレッシュした。一泊二日で東京に行き、話題のお店を覗いてくると元気がチャージされる。夫や子どもが嫌な顔をするかと思っていたが、「ママが元気で帰って来てくれる方が楽しくていいよ」と拍子抜けするぐらい協力的だ。出かけるために医院の事務や家事を段取りする分、生活にメリハリも出た。もともと仕事はできすぎるほどできるのだ。

晶子さんの変化を知って、岩見は「晶子さんの人生の最終目標は『人の役に立つ』ですからね。それは、世界中の人の役に立つというのではなく、身近な誰かの役に立つという意味合いが強いと、読みました。しかも土地との縁が深い。たまの息抜き旅行で有り余るエネルギーを発散させて、自分のパワーを制御できるようになって、それを地元の人のために使う、という目標が定まったんでしょうね」と喜んでいる。岩見がジュエリーで周囲を幸せにしているように、自分は自分のやり方で周りを幸せにできるんだ、と晶子さんは気づいた。

　さあ、これから何ができるだろう。何をしよう。力の使い方は自分で選べるのだ。わくわくした気持ちで晶子さんは窓の外の陽射しに目をやった。ほんとうの春は、もうすぐそこだ。

Pt950　パライバトルマリン / ダイヤペンダント
パライバトルマリン 0.69 ct/ ダイヤ 0.76 ct
参考上代 1,250,000 円

◆時代の変化を告げる宝石

　世界では常に新しい宝石が採掘されています。

　宝石は、市場の需要と供給量でその価値が決まります。レアすぎるものは価値が付く以前にそもそも出回らないので、周知されずに市場価値が付かずに終わることもあります。

　また、鉱山が枯渇して採掘されなくなる宝石も数多くあります。

　実際、オーストラリア・アーガイル産ピンクダイヤモンド、セイロン（現スリランカ）産サファイア、ブラジル・オールドマイン（バターリャ鉱山）産のパライバトルマリン、ビルマ（現ミャンマー）産のルビー、ブラジル・ムゾー鉱山のエメラルドなど、世界の名品が産出された鉱山の多くは枯渇し、閉山を余儀なくされたり、採掘量がごくわずかだったりするのが現状です。

　そういった幻と言われる鉱山の産地証明が付いた宝石の中で、特に大きなものは、特別の価値が付くことがあります。しかし、星読み的には、宝石が現れて採掘され、鉱山が枯れていく……。その現象に宇宙の流れが関係していると思うのです。

　CASE6のストーリーに出てくるパライバトルマリンは、今とても注目されている宝石のひとつです。私は、とても意味深いジュエリーだと思っています。地球の色をした神秘の力を宿す石と言われることもあるぐらいです。

　トルマリンという鉱物にはさまざまな色があり、その中のネオンブルーに輝くトルマリンを特別にパライバトルマリンと言います。発見されたのは1987年、ブラジルのパライバ地方でした。1989年に市場に初めて姿を現した美しい宝石です。日本では1月に昭和天皇が崩御され、昭和から平成に変わりました。占星術的

には春分点の移動（P122 参照）で、うお座の時代からみずがめ座の時代に入る移行期でした。その変革期にこの類まれな美しい宝石が発見されたというのは偶然でしょうか。

パライバ地方で発見された当時、パライバトルマリンは、産出量が安定的にあったことから、市場価値はさほど高くつかず、ジュエリー業界としてはキレイな宝石が見つかりました、という程度で、希少性が高くなった今ほどの価格高騰を予想していませんでした。

パライバトルマリンのネオンブルーの色は、パワージュエリーとしては海王星、海洋を支配するポセイドンの星。占星術的に海王星は、原始生命と人々の潜在意識、イマジネーション（想像力）をつかさどる石です。

2019年5月、現地で買い付けたブラジル産パライバトルマリンルース

その色味を「色相」と言いますが、色相から天王星の色も持ち合わせていると私は考えます。

トルマリンという鉱物は微弱な電気を帯び、電気石とも呼ばれています。占星術的に天王星はみずがめ座のルーラーにあり、天王星は電気的電波的エネルギーを持つと言われています。

つまり天王星の色で電気を帯びたパライバトルマリンは、潜在意識に電気的な刺激を与えるパワージュエリーです。

また、海王星と天王星は地球から見て太陽と反対側にある外惑星で、占星術ではトランスサタニアン天体と言われ、その時代を表す天体とされています。軌道周期が長く、地球から遠いため、古代の望遠技術では発見できなかったがゆえに、古典的な占星術ではこれらの外惑星を使わずに占っていますが、当時は海王星と天王星を読む必要がない時代であったとも言えます。

そして、1987年から30年後の2017年には、パライバ地方の鉱山は完全に枯渇し、閉山してしまいました。

アフリカでは色相の薄いパライバトルマリンが現在でも産出されますが、古い鉱山で現在は閉山しているオールドマイン鉱山のパライバブルー（通称エイトリータパライバトルマリン）と同一のものとは思えません。

パライバ産のパライバトルマリンの出現が、私たちに発したメッセージは、可視化される事象だけにとらわれず、潜在意識や魂の目的を意識して、きたるべき本格的なみずがめ座の時代に備えるべきだ、ということではないでしょうか。そして、みずがめ座の時代に姿を消しました。

そのせいか、ここ最近のセッションでは、この希少なジュエリーは多くの女性たちの重要なパワージュエリーになっています。

幻とも言われる稀有な色相のエイトリータパライバトルマリン

Pt950　パライバトルマリン / ダイヤペンダント
パライバトルマリン 7.530 ct/ ダイヤ 1.50 ct
価格未発表

Pt950　パライバトルマリン / ダイヤリング
パライバトルマリン 1.92 ct/ ダイヤ 1.70 ct
価格未発表

原石から内包物の構造を光と肉眼で確認し、原石からポリッシュ（カットされた）宝石価値を見極めることは、非常に難しく熟練の目利きが必要。

ルビー原石
2018年ビルマ（現ミャンマー）で鉱山主との買い付けの様子

　また、ピジョンブラッド（鳩の血）の色をしたビルマ産ルビーも幻と言われるほど、現在ではごくまれにしか採掘されなくなった宝石のひとつです。

　ルビーが示唆するメッセージは"戦い"。血の気の多い戦、戦場です。国を取り合う戦で多くの血が流れた時代、戦いに出かける鎧にしのばせて勝利を祈願した宝石です。戦いが勃発していた火星の時代に重要な意味を持つ宝石だったのでしょう。

　現代における戦い、と考えるとルビーの意味はかなり変容しています。血が流れる戦いではなく、精神的な闘志という意味合いが強いかもしれません。

　ピジョンブラッド、鳩の血の色という生々しい色相から、心の情熱を表す赤い色相のルビーが主流になりました。偶然なのか、宇宙の神秘なのか、私には関連があるように思えてなりません。

ビルマ産ルビールース

2018年、現地にて買い付けたルビーとサファイア。

ビルマ産サファイアルース

ビルマ産のサファイアはスリランカ産のサファイアとはまた違った色相です。"深い青"
ですが、現地の強い太陽光（紫外線）下で見ると、それはそれは綺麗な色なのです。
サファイアには多色性という光学特徴があります。光の角度と結晶軸の角度で、通常の
青の他に、紫っぽい色や緑っぽい色が見られます。

◆ 今の時代を星から読み解くと

　今、私たちは、春分点※がうお座からみずがめ座に移っている時代を生きています。ざっくりと言いますと、地球の軌道は楕円を描いているので、長い年月の間に春分点が少しずつずれていきます。春分点を起点に考える占星術の世界では、そのずれが星座のサイン（天球上の惑星の運行位置）の移動を意味し、地球の歴史的節目や流れと重なります。1987年頃から春分点がうお座からみずがめ座に入ったと言われています。それが意味することは、情報、モノ、コトが混沌としたうお座の時代から、それらが明確にすっきりとなるみずがめ座の時代への変化です。

※春分点
太陽が赤道の南側から北側に移動する際に通過する赤道上の点で、黄道と赤道の交点の一つ。ギリシャ占星術が誕生した頃は牡羊座 0 度付近にあったが毎年移動し、現在はうお座からみずがめ座にある。

　つまり、経済優先の社会構造を疑うことなく、社会の歯車の一員として流されて生きる時代から、自分の本質を活かして、"自分が生きたい人生を生きる"と明確に決めて歩んでいく時代へ変化しています。そこに、他の天体の動きが加わります。2020年の今、特に、社会に影響をもたらす土星と冥王星の位置がみずがめ座にあるため、社会が一気に変化し、これまでの価値観がすっかり塗り替えられようとしている……。星読み的にはそんな時代だと感じています。

　この大きな変化の中で、私たちは生まれ持った魂の目的をまっとうするために生かされていると思わずにはいられません。自分の人生を充実させるため、自分の未来を自分でクリエイトするために、自身の本質に向き合うことが重要。それが今なのです。

Pt950　ピンクダイヤリング
岩見私物

◆生まれてきてくれた了どもへの愛情ジュエリ

　私が初めてダイヤモンドを受け継いだのは3歳のときでした。その年に亡くなった大好きな祖母のダイヤモンドリングです。「あなたのことを可愛がってくれていたおばあさまのこのダイヤモンドは、大きくなったら、貴女が持つべきものですよ」。そう言って母は、その小さなダイヤモンドを大切に保管しました。ことあるごとに、「私のダイヤモンド見せて!」と母におねだりをして、見せてもらったときのうれしかったこと!

　大好きな祖母の思い出とともに、私はそのダイヤモンドを大切に思いました。大人になったら大切に受け継ごうと、胸に秘めて。

　17歳のとき、母は「お守りとして大切に身に着けなさい」と言い、父がプラチナのシンプルなペンダントに加工してくれました。半世紀以上も前に祖父が最愛の祖母へと贈ったダイヤモンドを私は受け継いだのです。ペンダントができあがって、鑑定書の数字に私は目がくぎづけになりました。

　0.270ct! 私の出生体重は2700g! こんな奇跡があるのでしょうか。

　このダイヤモンドに宿る偶然の愛のメッセージに気が付いたとき、私はその幸せに胸が震えました。

　あれから数十年。私は妻となり母となり、今に至ります。あのダイヤモンドは、まだ経済力がなかった結婚当時の私たちのエンゲージリングとなりました。いつも祖父母、両親が守ってくれている安心感。その後も、幾度か形を変え、今も私の指に輝いています。

　ダイヤモンドは地球からの奇跡のギフト。愛をのせて、最強のお守りジュエリーであると信じてやみません。

　そして私は、この令和の時代に、改めて原点に戻ります。

　ビジュードファミーユ、受け継がれる家宝。愛する人の人生に確かな想いを伝えられるように作ったのが、Birth Record Diamond（バースレコードダイヤモンド）です。

BIRTH
Record Diamond

希少性が高く、品質が保証された天然ダイヤモンドの中から、出生体重と同じ数字（出生体重 ×1/10,000ct）のダイヤモンドを探します。グレードは 4C※、プラチナ 950 または K18GOLD のみを使用。フレームの側面にお名前と誕生日。裏面に出生体重（キャラット数）を刻印し、ダイヤモンドの鑑定書とは別に Birth Record Diamond の保証書をお渡ししています。

ex) 3520g でお生まれの方→0.352ct （キャラット）

※4C
ダイヤモンド品質評価基準。Carat(カラット=重さ)・Cut(カット=輝き)・Color(カラー=色)・Clarity(クラリティ=透明度)の4つの要素を表す。

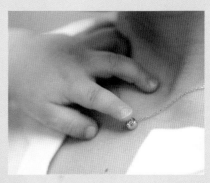

バースレコードダイヤモンド 詳細、ご注文は WEB から

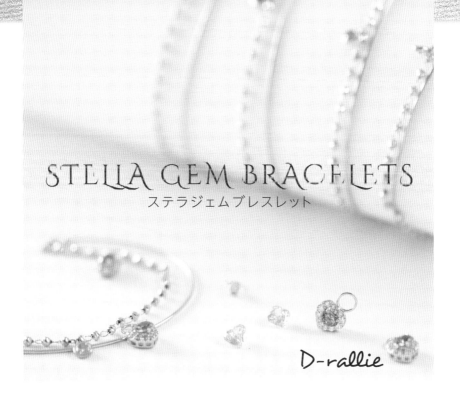

STELLA GEM BRACELETS
ステラジェムブレスレット

D-rallie

　首・手首・足首。「首」とつく部位を守ることは、古来とても大切なことだと言われています。古代の遺品などで、ネックレスはもとより、手首、足首に装飾品を施した壁画や埋葬品を見ることができます。首とつく部位から邪気が入ると信じられてきたため、その部分を宝石で守る目的からです。

　ブレスレットは私が必ず身に着けるジュエリーのひとつです。でも、ブレスレットは、実用的である必要があります。パワージュエリーとして身に着けつつ、家事や仕事など日常生活にフィットさせるデザイン性や機能面も持たせることに、頭を悩ませるアイテムなのです。

　ステラジュエムブレスレットは、私が直接セッションをさせていただき、ホロスコープを見ながら、ブレスレットにあしらうチャームジュエリーを決めていきます。

　K18 イエローゴールドかホワイトゴールドを選んでいただき、基本のジュエリー（ダイヤ、ルビー、サファイア、エメラルド、トパーズ、など）が1ピースセットになっています。セッションによって、石を増やしていっても、もちろん素敵だと思います。

　ご家族一人ひとりのパワージュエリーをあしらってファミリーブレスレットにしたり、お子様がお生まれになるたびに 1 ピースずつ増やしていかれたりする方もおられます。

　将来はジュエリーチャームを外して、ペンダントにリモデルするなど、身に着けられるビジュードファミーユとして喜ばれています。

定価：150,000円 (30 分のホロスコープセッション付き)
→85,000円 (2020年 12月までキャンペーン価格)

※新型コロナウイルス感染症予防のため、現在は
ビデオ通話でのオンラインセッションが中心です

本誌に掲載の商品のお問い合わせは

㈱ディーラリエまで　info@d-rallie.co.jp

D-rallie 星読み鑑定士 岩見尚見　公式

私が伝えたいこと

　私のインスタグラムのポストは世界一ジュエリー愛がこもっていると自画自賛しています。寝ても覚めてもジュエリーのことを考えている人はそう多くはないはず。ただただ、好きなんです。ジュエリーが。

　1億円以上の値がする高級ジュエリーから、海外の鉱山から入荷したてのレアなもの、トレンドものまで、常時3万点ほどのジュエリーに囲まれて、企画や広告の仕事をしています。そして、本業の合間のプライベートな時間に、好きなだけ見て触れてジュエリーたちと対話をする、そんな幸せな環境にあります。

　亡き父が残してくれたジュエリー界へのつながりと日本一（少なくとも私はそう思っている）のジュエリーバイヤーである弟に、感謝しています。

　人が宝石に魅せられた神秘は、人類が及ばない場所にある超自然現象のギフトだからなのかもしれません。けれど、生きる上で宝石は、必要不可欠なものではありません。

　では、何のために地球はこんなに美しいものを作り出したのでしょう。自然界に無意味なものなどないはずだと思うのです。

　飢えに苦しむとき、ジュエリーを愛でる心の余裕はないでしょう。ジュエリーの輝きに感動するとき、心が豊かでないとそうは感じられないでしょう。

　ジュエリーに魅せられるのは人間だけ。ジュエリーは感情を持つ人の心にだけ響く、重要な地球の産物なのです。

ジュエリーは、人の「心」を幸せにするための大切な地球のギフト。

人はみんな幸せになるために地球にいるのだから、幸せになるジュエリー、パワージュエリーを見つけることは幸せになる第一歩だと思います。

ひとりでも多くの人が、人生の目的に向かって進むための心のお守りになるように、プロのジュエラーとしてジュエリーを選ばせて頂く、

それが岩見尚見の使命だと考えています。

ジュエリーを愛してほしい。愛してあげた地球の奇跡のギフトであるジュエリーは、きっとあなたを幸せに導いてくれます。

　　　　　　岩見　尚見

NRALLIE

おわりに

　私は、星読み鑑定士　岩見尚見さんを 10 代の頃から知っています。彼女は妹の親友で、私たち 3 人は同じ高校に通っていました。明るい笑顔、大きくてよく動く表情ゆたかな瞳、闊達な気性……。彼女の印象は、今とほとんど変わりません。

　高校を卒業してから一度も会わなかった彼女と再会したのは 10 年近く前です。上のお子さんがもう大学生になっているぐらいですから、お互いの環境は変化していたのですが、彼女の、ぱあっと周りを明るくする印象は昔も今も変わっていませんでした。

　再会してすぐの頃はまだ、星読みどころか、ジュエリーの仕事の一線からも完全に退き、子育てと自身が立ち上げた広告代理業に忙しくしていました。物心つくかどうかの年頃から身近にはいつもジュエリーがあり、ジュエリーの理論を探求して大切な仕事として取り組み、業界でも指折りの実績を持つ彼女ですが、結婚・出産を経て、しばしジュエリーから離れていた時期だったようです。

　そんな彼女がこの数年で再びジュエリーを扱うことになり、さらに、彼女を形づくるもうひとつのファクター、"星読み"（＝占星術）に、多くの人がこころを捉えられたのです。この本でご紹介してきたように、星とジュエリーの間には密接な関係があると岩見さんは考えていて、それが、この地球上に生きる私たちにも強い影響力を持つこと、そのパワーを自分自身とうまくリンクさせることで、自分の思う人生を生きる助けになると周囲に伝え始めました。

　科学が発達した現代を生きる人間（もちろん私もそのひとりです）には、そういったことを、信じない人もいるでしょう。占いのようなものは女、子どもの戯れ、と一笑に付される方がいても当然です。ですが、私は岩見尚見さんという星読みジュエラーと、彼女を取り巻くさまざまな女性たちの間で起こる化学変化のようなもの……人生を変えるきっかけ、ターニングポイントとなった宝石との出逢いを、直接見たり、聞いたりしています。

そんな女性たちの鮮やかなチェンジ・ストーリーと、"岩見尚見にしか書けない星とジュエリーの話"を皆さんに伝えたかったのです。

　星とジュエリーと女性たち（もしかして男性も）、この三者をつなぐ目に見えないつながりを少しでも感じていただけたら、混迷を極める今の世の中で、地球や、もっと大きな生命の源に、誰もが触れる時間を持てるのではないでしょうか。

　　運命は星が決めるのではない，我々の思いが決めるのだ。

　　　　　　　　　　　　（『ジュリアス＝シーザー』シェイクスピア）

　この言葉には、深い含蓄があるように思います。生まれながらに星に導かれる存在でありながら、その宿命を力強く生き、自分の人生を歩もうとする人間の意志の力。私はここに"星とジュエリーと人"、三者の共鳴を感じます。そのシンクロニシティを自分の人生に取り入れることができたら、きっと誰もがこの6人の女性たちのように変わることができる、そう思っています。

　何度かジュエリーから離れたけれど、結局はジュエリーに向き合うと決めた岩見さん。彼女も、やはりそのシンクロのピースを手に取って人生を変えた女性のひとりなのでしょう。この本は、"星とジュエリーに導かれた7人の女性のストーリー"だったのだと、この"おわりに"を書きながら感じています。

　No Jewelry, No Life.　人生を変えるパワージュエリーは、これからもたくさんの女性のチェンジ・ストーリーを作っていくでしょう。本書との出逢いが、あなたに新しいストーリーをもたらすジュエリーを引き寄せる第一歩なのかもしれません。

　　　　　　　高橋　佐和子

岩見 尚見

株式会社ディーラリエ代表取締役。米国 GIA.G.G 資格。
ジュエリーメーカーの家に生まれ、幼い頃から本物の宝石に接する。占星術に興味を持ち、独学でホロスコープを読めるようになる。金融機関を経て宝石業界に転職し、企画営業として国内外で活躍。子育てのため一旦中断するも起業。女性の社会参加を応援する事業を軌道にのせ、現在は宝石と星読みを組み合わせた商品開発や星読み占星術にも忙しい日々。

高橋 佐和子

株式会社 FORM 代表取締役／中小企業診断士／ストラテジックビジネスプランナー／プロモーションプランナー
年間 300 件を超える経営相談にあたりながら個人、企業のもつ"ストーリー"を言葉化して他へ伝えるライティングプロモーションを通じ、事業拡大をサポートする。著書に『なぜあの会社の女性はイキイキ働いているのか』『お店のウリを売上にする方法』(共に共著：同友館)

ディーラリエ流
No Jewelry, No Life.
～パワージュエリーで人生を変えた女性たち～

2020年8月7日初版第一刷発行

著　者　岩見尚見　高橋佐和子
発行者　内山正之
発行所　株式会社西日本出版社
　　　　http://www.jimotonohon.com/
　　　　〒564-0044　大阪府吹田市南金田 1-8-25-402
　　　　[営業・受注センター]
　　　　〒564-0044　大阪府吹田市南金田 1-11-11-202
　　　　℡06-6338-3078　fax06-6310-7057
　　　　郵便振替口座番号　00980-4-181121

ブックデザイン　田中稔之
編集　株式会社ウエストプラン
写真　増田えみ　北田正明　桑島省二
協力　株式会社タコール
モデル協力　吉田抽香里　杉本智子　北山悠　幡中由佳
印刷・製本　株式会社光邦